# 소쉬르의 1차 일반언어학 강의: 1907

알베르 리들링제의 노트

**소쉬르의 1차 일반언어학 강의: 1907**
**알베르 리들링제의 노트**

초판1쇄 펴냄 2021년 10월 22일

**지은이** 페르디낭 드 소쉬르
**엮은이** 고마쓰 에이스케
**영역** 조지 울프
**옮긴이** 김현권
**펴낸이** 유재건
**펴낸곳** 그린비
**주소** 서울시 마포구 와우산로 180, 4층
**대표전화** 02-702-2717 | **팩스** 02-703-0272
**홈페이지** www.greenbee.co.kr
**원고투고 및 문의** editor@greenbee.co.kr

**주간** 임유진 | **편집** 홍민기, 신효섭, 구세주, 송예진 | **디자인** 권희원 | **마케팅** 유하나
**물류유통** 유재영, 한동훈 | **경영관리** 유수진

ISBN 978-89-7682-877-4 94160   978-89-7682-881-1 (세트)

學問思辨行: 배우고 묻고 생각하고 판단하고 행동하고

독자의 학문사변행을 돕는 든든한 가이드 _그린비 출판그룹

**그린비** 철학, 예술, 고전, 인문교양 브랜드
**엑스북스** 책읽기, 글쓰기에 대한 거의 모든 것
**곰세마리** 책으로 통하는 세대공감, 가족이 함께 읽는 책

# 소쉬르의 1차 일반언어학 강의: 1907

## 알베르 리들링제의 노트

페르디낭 드 소쉬르

김현권 옮김

그린비

# 한국어판 옮긴이 서문

페르디낭 드 소쉬르Ferdinand de Saussure의 『일반언어학 강의』*Cours de lingistique générale*(1916)는 잘 알다시피 바이Charles Bally와 세슈에Albert Sechehaye가 세 번에 걸친 소쉬르의 일반언어학 강의(1907년, 1908/09년, 1910/11년)를 받아 적은 제자들의 강의노트에 기반하여 편집·종합한 책이다. 이들은 소쉬르의 강의를 직접 청강하지 않았으나 이 책을 출간했으며, 이 책은 20세기 인문학에 가장 큰 영향을 끼친 사상의 원조가 되었다.

   그러나 고델이 1957년에 『소쉬르의 일반언어학 강의의 수고 원전』에서 이 편집본의 원자료 문제를 제기한 이래로,[1] 소쉬르 수고手稿를 바탕으로 소쉬르 언어학의 원사상을 이해하려는 노력이 계속되어 왔다.[2] 이번에 한국어판으로 펴내는 이 책은 소쉬르의 강의를 받아 적은 학생

---

1  Robert Godel, *Les sources manuscrites du Cours de linguistique générale de F. de Saussure*, Genève: Droz, 1957.

2  이를테면 Rudolf Engler ed., *Cours de Linguistique Générale. édition critique par Rudolph Engler*, 3 vols., Wiesbaden: Harrassowitz, 1967~1968; Tullio De Mauro ed., *Cours de Linguistique Générale. édition critique preparee par T. De Mauro*, Paris: Payot, 1972; Estanislao Sofia, *La "Collation Sechehaye" du Cours de linguistique générale de Ferdinand de Saussure*, Leuven: Peeters, 2015.

들의 필기 원본을 편집한 판본으로서, 바이와 세슈에를 통과하기 이전의 소쉬르 목소리를 생생히 담고 있는 자료다. 바이와 세슈에가 『일반언어학 강의』의 편집을 위해 사용했던 학생들의 노트를 고마쓰小松英輔가 편집하여 일본어판으로 출간했고, 첫 번째와 두 번째 강의는 조지 울프가, 마지막 강의는 로이 해리스가 영역해 프랑스어 원문과 영어 번역문이 좌우쪽에 배치된 형태로 출간되었다. 이 한국어판은 이 세 권의 프랑스어-영어 편집판을 저본으로 한다.[3]

　바이와 세슈에는 『일반언어학 강의』의 출간을 위해 첫 번째와 두 번째 강의는 리들링제Albert Riedlinger의 노트에 기초했고, 두 번째 강의는 파투아Charles Patois의 노트 또한 함께 참고했다. 고마쓰가 편집한 강의노트 또한 이들의 것이다. 세 번째 강의의 경우 사정이 조금 다르다. 바이와 세슈에는 데갈리에Georges Dégallier와 세슈에의 부인이 된 뷔르데Marguerite Sechehaye-Burdet의 노트를 주로 참조했지만 세 번째 강의를 가장 완벽하게 받아 적은 콩스탕탱Emile Constantin의 노트(11권, 407쪽 분량)는 참조하지 못했다. 『강의』가 출간된 후인 1958년에 콩스탕탱이 그 수고를 고델에게 전해 주었기 때문이다. 고마쓰가 편집한 세 번째 강의의 노트는 바로 이 콩스탕탱의 노트다. 한국어판은 이 세 권의 고마쓰 판

---

3　저본은 세 번째 강의가 가장 먼저 출간되었고, 이후 첫 번째와 두 번째 강의가 뒤를 따랐다. 〈3차 강의〉 Eisuke Komatsu and Roy Harris eds. and trans., *F. de Saussure Troisiéme cours de linguistique générale(1910-1911), d'après les cahiers d'Emile Constantin*, Oxford & N.Y.: Pergamon, 1993; 〈1차 강의〉 Eisuke Komatsu and George Wolf eds. and trans., *F. de Saussure Premier cours de linguistique générale(1907), d'après les cahiers d'Albert Riedlinger*, Oxford & N.Y.: Pergamon, 1996; 〈2차 강의〉 Eisuke Komatsu and George Wolf eds. and trans., *F. de Saussure Deuxième cours de linguistique générale(1908-1909), d'après les cahiers d'Albert Riedlinger et Charles Patois*, Oxford & N.Y.: Pergamon, 1997. 본 한국어판의 번역 및 편집에 있어 프랑스어 원문을 영어 대역문보다 우선시했다.

을 저본으로 하되, 고마쓰가 생략한 부분 중 필요한 부분들을 다른 여러 판본을 참조하여 삽입해 두었다.[4][5]

저본 자체가 강의를 받아 적은 노트이다 보니 문장이나 설명이 미완결된 것이 꽤 있다. 체계와 형식의 면에서도 통일성이 잘 갖춰지지 않은 부분이 적지 않다. 소쉬르가 '구어'를 강조하면서 언어 사례를 음성표기로 많이 적고 있는데, 당시는 국제음성기호IPA가 제정되기 전이어서 읽기가 다소 힘든 면도 있을 것이다. 이러한 난점들을 최대한 보

---

4  Robert Godel, "Cours de linguistique générale(1908-1909). Introduction (d'après des notes d'étudiants)", *Cahiers Ferdinand de Saussure* 15, 1957, pp.3~103; Eisuke Komatsu, *Cours de linguistique générale. Premier et troisième cours, d'après les notes de Riedlinger et Constantin*, Tokyo: Université Gakushuin, 1993; Émile Constantin, "Linguistique générale, Cours de M. le Professeur de Saussure, 1910-1911", *Cahiers Ferdinand de Saussure* 58, 2005, pp.83~289. 마지막 문헌은 메히야(Claudia Mejia)와 감바라라(Daniele Gambarara)가 편집한 판본으로서 다른 판본들이 바이와 세슈에의 편집틀을 따라 생략한 인도유럽언어학에 대한 부분까지 모두 담고 있다(『3차 강의』에는 이 부분 또한 발췌하여 번역·삽입하였다. 또한 저본과 메히야·감바라라 판의 원문이 다를 경우 이 사실을 각주로 밝혀 두었다).

5  또한 『일반언어학 강의』 편집의 문헌학적 논의에 대해서는 다음 자료들을 참조하라. 김현권, 「소쉬르의 『일반언어학 강의』와 『제3차 강의노트』의 비교」, 『언어학』 78호, 2017, 165~193쪽; Alessandro Chidichimo, "Une source du premier cours de linguistique générale de Saussure, octobre 1906," *Semiotica* 217, 2017, pp.195~213; *L'apport des manuscrits de Ferdinand de Saussure*, *Langages* 185(special issue), 2012; Estanislao Sofia, "Quelques problèmes philologiques posés par l'oeuvre de Ferdinand de Saussure", *Langages* 185, 2012, pp.35~50; Estanislao Sofia, "Cent ans de philologie saussurienne: Lettres échangées par Albert Sechehaye et Charles Bally en vue de l'édition du Cours de linguistique générale(1916)", *Cahiers Ferdinand de Saussure* 66, 2013, pp.187~197; Estanislao Sofia, "Cent ans de philologie saussurienne II: Complément à la correspondance entre Charles Bally et Albert Sechehaye au cours de l'élaboration du Cours de linguistique générale(1913)", *Cahiers Ferdinand de Saussure* 69, 2016, pp.245~252; Estanislao Sofia, "Cent ans de philologie saussurienne III: Albert Riedlinger(1883-1978) et sa 'collaboration' avec les éditeurs", *Cahiers Ferdinand de Saussure* 70, 2017, pp.175~195; François Vincent, "Le premier cours de linguistique générale professé par Ferdinand de Saussure à Genève: cours I et sténographie Caille: transcriptions et commentaires", *Cahiers Ferdinand de Saussure* 67, 2014, pp.175~190.

완하되, 가독성을 해치지 않는 경우라면 가능한 한 편집자의 원편집을 존중하여 번역하였다. 이 강의노트를 출간하는 가장 큰 목적은 소쉬르 강의의 '진짜 내용'을 가장 가깝게 추적하는 것이기 때문이다. 저본에 달려 있지 않은 소제목 등 옮긴이가 개입한 부분은 책 전체에서 고딕체로 표기해 구분함으로써 원자료의 원본성을 존중했다. 권별로 최대한 체계적·형식적 통일성을 갖추려 했는데, 그 상세 사항에 관해서는 각 권 서두의 서문, 주해, 일러두기 및 옮긴이 주를 참조하길 바란다.

소쉬르는 용어 문제에 매우 신경을 썼으므로 번역에서도 그 정신을 가능하면 지키려고 노력하였다. 경험적 자료로서 구체적 언어 une(des) langue(s)는 '개별언어(들)', '개별어', '언어'로 번역하였고, idiome는 좁은 지역에 국한된 개별어로서 '소지역어'을 가리키는데(표준어에 대한 방언 개념으로 이해하면 안 된다), 맥락에 따라 '특유어', '개별 특유어, 또는 '개별어'로 번역하였고, parler(local)는 '지역 집단어', '집단어'로, patois는 '지역어'로, dialecte는 '방언'으로 번역하였다. la langue는 개별어로서의 언어를 가리키는 총칭적 용법이면 '언어'로 번역하였지만, 발화parole나 인간언어langage와 대립되거나 이론적 추상의 구성체로서 la langue를 가리키는 논의에서는 '언어랑그'로 음역을 병기하였다. 그런데 문맥에 따라 애매한 경우에도 '언어랑그'로 그대로 번역하였다. langage는 '인간언어'로 번역하였으나 문맥상 이를 가리키는 것이 명백하면 그냥 '언어'로도 번역하였다. 문맥상 애매한 경우에는 역시 '언어랑가주'로도 번역하였다. 그러나 명사＋de (la) langue, 명사＋de langues, 명사＋de langage, 명사＋linguistique 같은 경우에는 구별하여 번역한 경우도 있으나, 뒤의 명사가 수식하는 경우에는 '언어＋해당 명사'로 번역하여 구별이 안 되는 경우도 있다. 다음으로 대어족, 어족, 어군, 어파, 분파 등의 언어 분류학상의 위계의 위치에 대한 지적이 나오는데, 현대의 분류학적 지위와 구별해서 봐야 할 것이다. 아울러 『일반언어학 강의』 이전 한국어 번역본[6]에서 사용했던 '기표/기의'는 '시니피앙/시니피에'로, '본체'는 '실재체'로 번역하였다.

또 『3차 강의』는 2018년에 에피스테메 출판사에서 번역본을 출간한 바 있으나 미비점을 보완·번역하여 첫 번째와 두 번째 강의와 함께 그린비출판사에서 시리즈로 엮어 출판한다는 점을 밝힌다.

에멀링이 지은 『20세기 현대예술이론』에서 소쉬르는 놀랍게도 프로이트, 마르크스, 니체와 함께 비평이론에 대한 철학적·미학적 사유의 선구자로 제시되어 있으며, "그들의 저술 없이는 비평이론의 기틀이 마련되지 않았을 것"이라고 한다.[7] 이 네 명의 선구자에 이어 20세기 현대예술이론가로 제시된 스물두 명 가운데 소쉬르의 영향을 직간접으로 받은 것으로 널리 알려진 사상가로 알튀세르, 바르트, 바타유, 보드리야르, 부르디외, 데리다, 푸코, 이리가레, 크리스테바, 라캉, 메를로퐁티가 꼽힌다. 스물두 명 중 절반이나 되는 열한 명의 사상가와 예술비평이론가들이 직간접적으로 소쉬르의 영향권 아래 있다. 이쯤 되면 소쉬르는 언어학자라기보다는 20세기 사상사의 큰 맥을 형성하는 사상가로 자리매김하기 때문에 그를 직접 대면하여 사상의 원류를 더 포괄적으로 깊이 연구할 만한 가치가 충분할 것으로 생각한다.

미사의 청람서재에서, 김현권

---

6  페르디낭 드 소쉬르, 『일반언어학 강의』, 김현권 옮김, 지만지, 2012.
7  Jae Emerling, *Theory for Art History*, New York: Routledge, 2005. 한국어판은 제이 에멀링, 『20세기 현대예술이론』, 김희영 옮김, 미진사, 2015. 인용문은 한국어판 12쪽.

# 차례

## 노트 I

# 노트 II

# 노트 III

# 서문

1955년에 제네바대학 공공도서관은 언어학자 페르디낭 드 소쉬르의 두 아들인 자크 드 소쉬르(외교관, 1892~1969)와 레몽 드 소쉬르(정신과 의사, 1894~1971)로부터 부친의 미출간 수고를 넘겨받았다. 이후에 이 수고 자료집은 분량이 엄청나게 많이 늘어났다. 1958년에 세 번째 강의에 대한 콩스탕탱의 강의노트(콩스탕탱이 기증), 게르만 신화와 전설에 대한 소쉬르 자신의 노트, 애너그램에 대한 노트가, 1979년에는 첫 번째 강의와 세 번째 강의에 대한 리들링제의 노트(그의 가족이 기증)가 추가되었기 때문이다. 이 수고 자료집 전부와, 대강 쓴 초고, 종이 스크랩, 학생들의 노트는 로베르 고델이 스물네 개의 상자로 분류해서 정리하였다.

잘 알려진 바대로 『일반언어학 강의』는 소쉬르의 이름으로 출간되었다. 하지만 사실상 그 책은 제자인 바이와 세슈예가 쓴 것으로 기본적으로 5년간(1907, 1908/09, 1910/11) 세 번에 걸쳐 강의한 강의의 요약본이다. 이 저서는 구성이 자연스럽지 못하고, 다소 인위적이며, 때로는 이해하기 힘들다는 것을 금방 깨달을 수 있다. 예컨대 서론의 부록('음운론 원리')은 발화음성에 대한 실질적인 성찰로 인해 뒤이어 나오는 장들과 서로 어울리지 않는다. 『일반언어학 강의』의 도입부와 종결부는 실제로 분명 상충되는 듯이 보인다. 이러한 내용 구성상의 긴장은 5년에 걸쳐 이루어진 소쉬르 사상의 발전을 고려하지 않고 이 책을 독서하면 생기는 당연한 결과이다. 수고 강의노트를 출간하는 주요 목적 가운데 하나는 소쉬르가 강의한 가르침의 진정한 발전 과정이 무엇인지를 밝히기 위한 것이다.

위에 언급한 부록 '음운론 원리'는 부분적으로 일반언어학에 대한 세 차례의 강의 외의 자료에 기초해서 작성되었지만, 여기에 포함되어 있다는 점을 명심하면 유익하다. 편집자들이 밝히고 있듯, 이 부록으로 말하자면 이들은 "1897년 페르디낭 드 소쉬르가 강연한 '음절이론'에 대한 세 번의 강의를 적은 '요약식 기록'을 이용할 수도 있었다. 소쉬르는 그 강의에서도 또한 [『일반언어학 강의』의] 제1장 일반원리를 다룬다. 아울러 음운론을 다룬 꽤 많은 개인 노트도 있다. 이들은 많은 점에서 첫 번째와 세 번째 강의를 명확히 밝혀 주고, 이를 보완한다"(『일반언어학 강의』, p.63).[1] 하지만 이 부록 부분에는 그 자리에 어울리지 않는 내용이 담겨 있고, 언어학를 다루는 『강의』의 해당 부분과 비교해 볼 때 이질적이다. 이 부분은 주로 세 번째 강의의 후반에 기초해서 작성된 것으로서(이 후반부는 후에 콩스탕탱의 노트 —— 특히 노트 VII과 그 이하 —— 에서 설명한다. 바이와 세슈예는 이 콩스탕탱의 노트가 있다는 것을 몰랐다. 페르디낭 드 소쉬르, 『소쉬르의 3차 일반언어학 강의: 1910~11』*Troisième cours de linguistique générale(1910-1911): d'après les cahiers*

---

1  Charles Bally and Albert Sechehaye eds., *Cours de linguistique générale publié par Ch. Bally et A. Sechehaye avec la collaboration de A. Riedlinger*, Paris: Payot, 1916.

*d'Emile Constantin*, eds. and trans. Eisuke Komatsu and Roy Harris, Language &
Communication Library vol.12, Oxford: Pergamon, 1993 참조) 여기에서 소
쉬르는 발화행위를 마치 언어학자들이 지시 세계에서 실제 발화음성을
다루듯이 설명한다. 하지만 발화음성이 조음기관에 근거하여 만든 자
연적 분류를 넘어 규칙적으로 구조화된 음성 실체를 부여하는 것이 어
떻게 가능한 것인가? 모든 언어학자들이 잘 알듯이 트루베츠코이Nikolai
Trubetzkoy의 '음소' 개념은 음성학을 논의하는 이 부분이 아니라 세 번째
강의의 소쉬르의 언어랑그 개념에 기초해 있다. 그래서 단지 말할 수 있는
것은 '생리음성학'이 『강의』의 전체 구성과 잘 어울리지 않는다는 점이
다. 그럼에도 불구하고 그것은 소쉬르 일반언어학 강의의 출발점이 되
고 있다.

용어에 대해 하나 지적해 보자. 소쉬르 자신에 따르면, **음운론**은 실
제 발화음성의 정태적 연구이고, 반면 **음성학**은 음성의 역사적 연구이
다. 소쉬르는 이 음성변화의 동기를 설명하는 것으로 첫 번째 강의를
시작하지만, 리들링제의 노트 목차에서 볼 수 있듯이 강의의 첫 도입부
만을 언어진화에 할애했다. 소쉬르가 이 내용을 넘어서는 것은 강의하
지 않았다는 사실은 그가 1906/07학년도 직전에 일반언어학 강의를 수
락해야만 했던 긴박한 상황을 알면 수긍이 간다. 1906년 12월에 전임자
였던 요제프 베르트하이머Joseph Wertheimer가 은퇴했고, 소쉬르는 제네바
에 귀향한 지 15년이 지난 후에야 신설된 일반언어학 교수직에 임명되
었다. 소쉬르가 이 새 주제를 강의하는 교수직의 수락을 망설였는지 궁
금할 것이다. 어쨌든 그는 기존의 자료들을 이용해서 신설된 이 강의를
당연히 개시했을 것이다. 따라서 첫 번째 강의에 대한 노트는 1879년
『인도유럽어의 원시모음체계 논고』*Mémoire sur le système primitif des voyelles dans*

*les langues indo-européennes*를 출간한 이래 그가 널리 명성을 얻었던 연구를 대부분 반영한다.

그렇지만 구조적 방법과 관련하여 '음운론 원리'는 두 가지로 그의 새로운 입장을 예고한다. (1) 소쉬르는 언어의 발화음성을 '간극'aperture 개념을 이용하여 0~6단계로 분류한다. 이 분류 방식은 음성의 전체 지위를 분류표라는 단일 관점에서 분석했다는 점에서 구조주의적 방법의 창시를 알린다. (2) 음소는 발성행위를 결정하는 것으로 규정할 수 있고, 역으로 "모든 발성행위를 결정하면, 모든 종류의 음소를 결정하는 셈"(p.15<sup>55쪽</sup>)[2]이라는 것은 사실이지만, 음소는 여전히 "청취단위와 발화단위. 어느 하나가 다른 것을 조건 짓는" "청각인상과 조음행위의 합"으로 정의된다(p.13<sup>51쪽</sup>). 지적할 사항은 이 개념을 언어<sup>랑그</sup> 내의 음소 경계를 획정하는 데는 제대로 이용하지 못했다는 점이다. 오히려 소쉬르는 음소를 발화<sup>파롤</sup>의 확인 가능한 단위로 말한다. '대립', '차이', '가치'로서 언어<sup>랑그</sup>의 개념은 세 번째 강의 후반에 집중적 조명을 받는다. 나는 이것을 모순이 아니라 오히려 소쉬르 사상의 발전 단계로 생각한다.

첫 번째 강의는 1907년 1월 16일(수요일)부터 7월 31일(수요일)까지 이루어졌다. 리들링제는 노트 첫 쪽에 개강일을 1906년 1월 16일 수요일로 기재했지만, 1906년 1월 16일은 월요일이므로 개강은 1907년 1월 16일 수요일이 맞는다. 이 강의는 여섯 명이 수강했고, 그중에는 속기 노트집을 남긴 카유Louis Caille도 있다. 하지만 리들링제의 노트가 가장 자세하다. 강의 날짜는 리들링제가 기록한 개강 날짜와 종강 날짜

---

2 원서에서 원서 내 다른 페이지를 인용한 경우, 본 한국어판에서의 해당 쪽수를 위와 같은 형태로 병기했다.

외에는 확인되지 않는다.

여기에 출간된, 첫 번째 강의를 기록한 리들링제의 노트는 (1) 제네바대학 공공도서관, (2) 파리 국립도서관, (3) 하버드대학 휴턴도서관, (4) 상트페테르부르크 학술 아카이브, 이 네 곳의 도서관에 소장된 엄청난 분량의 소쉬르 유고에 비하면 분량이 아주 적다. 상트페테르부르크 도서관의 것을 제외하고 모든 수고자료는 일본에도 마이크로필름 형태로 보존되어 있고, 일반인은 이 마이크로필름을 복사해서 이용할 수 있다. 전체 분량은 약 1만 쪽 정도이다. 그 외에 『소쉬르학지』*Cahiers Ferdinand de Saussure* 27호(1970~72)에는 상트페테르부르크 도서관에 보존된, 소쉬르와 보두앵 드 쿠르트네Baudouin de Courtenay가 주고받은 모든 서신이 실려 있다.

수강생들의 노트를 꼼꼼이 전사하는 이 작업은 미야케 노리요시, 시모미야 다다오, 아베 히로시가 참여한 집단 독회 덕택에 이루어졌다. 이들에게 심심한 사의를 표한다. 영어 대역이 딸린 이 판본의 일본어판 텍스트(『소쉬르, 리들링제와 콩스탕탱의 노트에 의거한 첫 번째와 세 번째 일반언어학 강의』*Ferdinand de Saussure, Cours de linguistique générale, premier et troisième cours d'après les notes de Riedlinger et Constantin*, Collection Recherches Université Gakushin, no.24, Tokyo, 1993)는 수고 강의노트와 비교·대조하여 개정하였고, 오류도 바로잡았다.

필자가 바라는 바는 이 수고 강의노트 출간을 대하는 사람들이 소쉬르의 유업을 계승하는 것 이상의 역할을 해주었으면 하는 것이다. 왜냐하면 이들은 소쉬르 사상의 주요 사항을 이미 『일반언어학 강의』를 읽고 낱낱이 잘 알고 있어서 노트를 직접 대하면서 연구를 천착하는 과정에서 소쉬르 사상을 숙고하는 데 많은 노력을 기울일 것이고, 지금까지 드러나지 않은 소쉬르 사상의 엄밀한 의미를 올바로 평가해 줄 것으로 기대되기 때문이다.

고마쓰 에이스케

# 엮은이의 말

이번에 출간하는 소쉬르 텍스트의 출처는 제네바대학 공공도서관, 수고과手稿課, 페르디낭 드 소쉬르, 대학 강의 761/I~III이다. 지금은 군데 군데 색이 바래고, 검은 잉크를 이용하여 손으로 쓴 이 텍스트는 서고 두 칸 전체를 가득 채우고 있으며, 세 번째 노트의 3분의 2는 약간 빳빳 하고 윤기 나는 검은 표지로 싸여 있다. 각 노트(220×180mm, 본문은 약 90×140mm)는 비교적 양질의 줄 쳐진 노트 50장 = 100쪽이다. 세 권의 노트 모두 리들링제가 앞뒤에 쪽수를 매겨 두었다. 노트 I은 pp.1~100, 노트 II는 pp.1~98( = 마지막 쪽), 노트 III은 pp.1~100이다. 리들링제는 분명 노트 II의 마지막 한 장(pp.99~100)을 찢어 낸 것 같다. 뒤에 나오 는 내용이 노트 III과 바로 연결된다는 점을 강조하기 위해서 말이다. 노 트 III의 첫 쪽 첫 줄은 노트 II의 p.98의 마지막 줄에서 찢겨 나간 문장 의 끝부분을 잇고 있다. 노트 I의 pp.42~43 사이, p.42의 안 여백에 종이 한 장(210×132mm)이 테이프로 붙여져 있다. 이 종이 뒷면 아래쪽에, 노 트 일부가 적힌 다른 한 장(132×65mm)이 풀로 붙여져 있다. 두 번째 종 이(187×134mm)는 p.43에 테이프로 붙여져 있다. 그 이면은 백지이다. 텍스트는 노트 III의 p.72 아래에서 끝이 난다. 여백에 많은 내용을 잉크로 추가로 적어 넣고, 또 줄을 그어 지우고, 행간에 고치고 했는데, 이는 나중에 다른 학생들의 노트와 맞추어 봤다는 것을 암시한다(예컨대 제2장, p.55[127쪽]에 연필로 적은 메모 참조). 리들링제는 자기가 적은 모든 강의노트의 표지 안쪽에 "M. Albert Riedlinger, étud. litt., 2 rue Louis Favre 2 (Servette), Genève"라고 이름과 주소를 적었다.

그 후에 파란색 연필로 쓴 확인 표시도 있는데(예컨대 각 노트 첫 쪽의 'I', 'II', 'III'), 이 부분은 뒤에 나오는 텍스트에서는 삭제했다. 이따금 연필로 적은 주해도 있는데, 이는 그대로 표기해 두었다. 이 주해 중 몇몇은 종이 무게에 눌려 좀 희미해졌지만, 리들링제의 필치는 아니다. 예컨대 'cf. IIC p.104' 같은 것인데, 아마도 이는 고델(또는 엥글러)이 적어 넣은 것 같고, 이에 대한 별도의 설명은 없다.

편집 규약은 다음과 같다.[1] 약어는 별 설명 없이 원어로 풀어썼다. 인용된 언어형은 수고에는 아무 표시가 없더라도 이탤릭체로 바꾸었다. 잉크로 밑줄 그은 단어와 구절에는 밑줄을 그었다. 연필이나 붉은색과 파란색 연필로 그은 밑줄은 무시했다. 문단 유형은 일반적으로 두 가지이다. (1) 리들링제는 새로운 행을 시작하면서 글자를 들여 쓰지 않거나 약간 들여 쓰고(한 글자), 아니면 (2) 새로운 행을 시작하면서 글자를 많이 들여 썼다(약 열 글자). 이들 모두 똑같이 들여 썼다. 여백이나 행간의 정정과 추가사항은 화살괄호로 표시했다. 강의노트 내의 쪽수 표시는 이 판에 맞게 조정했지만, 두 번째 강의에 대한 참조 표시는 하지 않았다.

장모음을 표시하기 위해 리들링제는 물결 표시와 장음 표시를 섞

---

1 이어지는 내용을 참고하되, 본 한국어판의 편집 규약은 '일러두기'를 참조하라.

어 사용했는데, 그리스어도 이렇게 표시했다(예컨대 daimôn). 일관되지 않은 이 장음 표시는 교정하지 않았다. 그는 또한 별반 아무 차이도 없이 게르만어 단어의 첫 글자를 대문자나 소문자로 섞어 쓰기도 했는데, 이 방식도 손대지 않고 그대로 두었다. Ablaut/ablaut<sup>모음교체</sup>란 용어의 경우, 그것을 대문자를 쓰면, 그 단어가 엄밀한 의미의 게르만어라는 것을 가리키고, 반대로 소문자로 쓰면 그 단어가 보다 느슨한 의미로 프랑스어에 사용되었다는 것을 가리킨다. 마지막으로 리들링제는 소쉬르의 용어 sonante와 consonante를 하나의 n으로 쓸지 두 개의 nn으로 쓸지 망설였다. 이 철자들도 원래대로 두었다. 노트의 한두 군데서 리들링제는 단어나 주해를 대괄호로 표시했는데, 이들은 보통의 괄호로 표시했다(의미에는 아무 영향이 없다). 대괄호는 엄밀하게 편집자가 개입한 것만 표시하였다.

표준적인 편집 규약은 지켰지만, 소쉬르의 인도유럽제어 개관 부분만은 싣지 않았다. 현재의 이 텍스트에서 이 개관 분량은 전체와 비교하면 다소 적은 편이다. '유추의 보수적 역할'(노트 II, p.96, 이 책 p.97<sup>201쪽</sup>)이란 제목에 뒤이어 나오는 텍스트는 노트 III, p.17, l.8(이 책 p.104<sup>215쪽</sup>)에서 밑줄을 긋고 구두점을 찍으면서 끝이 난다. '인도유럽어족의 내적·외적 역사 개관'이란 제목의 절은 그 뒤의 새로운 페이지(p.18)에서 시작된다. 이 페이지는 더 이상 단절되지 않고, 이 텍스트의 마지막 절은 '재구의 방법과 그 가치'(노트 III, p.46, 이 책 p.111<sup>237쪽</sup>)란 제하의 절인데, 적어도 시각적으로는 더 큰 제목의 하위 제목처럼 보인다. 소쉬르는 실제 인도유럽제어를 먼저 개관하고, 뒤이어 일반언어학적 관심사에 대한 지적이 나오고, 이 순서는 그대로 유지된다. 그러나 이 인도유럽제어 개관은 노트 열네 쪽에 지나지 않는 적은 분량이고, 교과

서적인 소개이다. 이는 소쉬르가 논의하던 주제와 직접 연관성이 없어
서 생략했다(바이와 세슈예도 『일반언어학 강의』, p.7에서 그랬다).[2]

pp.13[52쪽], 44(첫 두 그림)[103쪽], 65[145쪽], 111[236쪽]의 그림은 리들링제가 노
트에 실제로 그린 그림을 디지털로 스캔한 것이다(내용에 대한 코멘트
는 인쇄체로 바꾸었다).

리들링제의 노트는 첫 번째 및 두 번째 강의를 기록한 최고의 노트
이며, 『일반언어학 강의』를 편집하는 데 널리 이용되었다. 그래서 리들
링제 자신도 이 판의 출간에 기여한 표시로 『강의』의 표지에 이름이 나
온다.[3] 따라서 이 노트는 20세기 소쉬르 언어학의 지식에 크게 기여한
것으로 부각된다. 하지만 그 속에 담긴 내용은 1916년 『일반언어학 강
의』 출간 이후부터 엥글러의 1968년판 요약 대작[4]의 출간까지 소수의
언어학자들에게 외에는 거의 알려지지 않았다. 하지만 이 판과 이 속에
담긴 리들링제의 노트와 관련해서 두 가지 점이 눈에 크게 띈다. (1) 엥
글러판의 순서는 출간된 '대중판' 『일반언어학 강의』의 순서를 그대로
좇고 있으며, 여러 학생의 노트에서 발췌한 해당 구절들을 나란히 제시
하고 있다. 그래서 엥글러의 참조 표시 쪽수는 이용하는 데 아주 불편
하며, 노트를 기록한 순서대로 읽을 수 없고, 또한 이 세 강의의 단편을
뒤섞었기 때문에 세 강의 한 세트를 지속적으로 읽으려면 아주 주눅이
든다. (2) 엥글러는 『일반언어학 강의』에 나오는 구절에 대응하는 구절

2  생략된 부분은 노트 III, p.25, l.7부터 p.38, l.22까지인데, 이 번역서에서는 생략하지 않고 번
   역·게재하였다.
3  『일반언어학 강의』 표지에는 편집자인 바이와 세슈에의 이름과 함께 '알베르 리들링제와
   협력하여'(Avec la collaboration de ALBERT RIEDLINGER)라고 적혀 있다.
4  Rudolf Engler ed., *Cours de linguistique générale. Edition critique*, Wiesbaden: Harrassowitz,
   1967~1968.

들만 학생들의 노트에서 뽑아 출간했다. 이는 곧 리들링제가 기록한 내용처럼, 소쉬르가 강의한 내용 중 많은 부분이 일반에게 전혀 알려지지 않았다는 것을 의미한다. 따라서 첫 번째 강의에 대한 리들링제의 노트 전체('인도유럽제어의 개관' 제외)는 이 책에서(그리고 '인도유럽제어의 개관'을 포함하는 일본어판에. 전체에 대한 참조는 위를 참조) 최초로 등장한다.

친절하게 많이 도와주신 제네바대학 공공도서관의 직원들에게 사의를 표하며, 텍스트를 주의 깊게 봐주신 메기 울프 님께도 감사를 드린다. 그리고 이 편집 작업을 격려해 준 로이 해리스 님께도 고마움을 표한다.

고마쓰 에이스케

조지 울프

# 영어판 옮긴이의 말

일반언어학에 관한 소쉬르의 첫 번째와 세 번째 강의의 차이는 이 두 강의의 프랑스어판이 추구하는 번역 전략의 차이에 대한 논평이 타당하다는 것을 알려 준다. 예컨대 소쉬르는 첫 번째 강의의 거의 대부분을 표준적인 19세기 문헌학적 주제인 음성변화와 유추에 대해 논의한다. 소쉬르가 세 번째 강의에서 의도한 강의 계획은 개별언어les langues, 언어la langue, 인간언어le langage를 차례로 다루는 것이었지만, 결국 그는 첫 두 주제만을 강의에서 다루고 세 번째 주제를 논하지 못했다. 이와 대조적으로 첫 번째 강의에서 (i) 소쉬르는 개별언어를 넘어서지 않았고, (ii) 이 세 가지 주제를 강의하려는 계획이 단지 태생적인 형태를 갓 넘은 발아 상태로 출현한다. 그와 같은 계획은 '언어학'이란 제하의 간단한 서론에 해당하는 절에서 개관하고, 언어지리학과 언어의 문자표상(세 번째 강의의 첫 부분으로서 훨씬 더 짧다)에 대한 '예비적 고찰' 뒤에 나온다. 그런데 이 두 주제는 문제의 이 대상[각주]을 정의하려는 관점에서 접근한 것이다. 이 접근법으로 첫 번째 강의를 시작하는 도입부에서 이 대상을 꽤 모호하게 정의한다. 여기서 소쉬르는 세 가지를 말한다. (i) 언어학을 '인간언어(le langage)에 대한 과학 또는 개별언어(les langues)에 대한 과학'으로 정의한다면, 즉각 언어란 과연 무엇인가 하는 질문이 제기된다. (ii) 인간언어가 갖는 언어현상의 성질을 결정하는 것은 매우 어렵다. 그래서 (iii) 이러한 (i)과 (ii)의 난점 때문에 언어학을 외부의 관점에서 정의해야 한다. 언어학을 보다 깊이 이해하려면 두 방식 중 한 가지를 선택해야 하는데, 이론적 = 종합적 견해와 실제적 = 분석적 견해가 그것이다. 따라서 **언어학**linguistics, **인간언어**language, **언어** the language<sup>랑그</sup>, **개별언어**languages, **언어현상**the linguistic phenomenon 같은 용어의 경계가 애매모호하게 보인다.

　'언어학'에서 이처럼 모호한 대상을 각기 분리하려는 노력을 다소 엿볼 수 있지만, 혼란의 여지는 여전히 남아 있다. 그래서 소쉬르는 강의의 첫머리가 아니라 끝 무렵에 가서 일반적인 개념들을 얘기하는 것이 더 낫다고 하면서 그런 이유 때문에 **언어**를 먼저 정의하려 들지 않았다. 이는 곧 세 번째 강의를 예고하는 것이다. 그의 기본 생각은 언어란 정의하기 어렵다는 것이다. 이를 나타내 보이기 위해 소쉬르는 자기 고유의 견해에 따라 우리가 자연스레 관찰하는 언어에 대한 세 가지 주요 개념을 제시한다. (i) 유기체로서의 언어, (ii) 개인의 자연적 기능으로서의 언어, (iii) 사회적 측면으로서의 언어 즉 랑그. 그렇다면 이제 언어를 강의의 말미로 미루어 두었기 때문에 언어학이란 주제에 접근할 수 있다. 언어학적 연구를 위해 우리는 **언어**에 이르는 통로를 두 가지 발견할 수 있다(정태적 = 공시적 통로, 역사적 = 통시적 통로). 소쉬르가 역사적 관점에서 **인간언어** 연구에 착수하기로 선택한 것은 언어의 역사적 측면이 화자의 통제를 확실히 벗어나기 때문이다. "역사적 방식은 이와 대립하는 정태적 방식보다 더 중요해서가 아니라 첫눈에 보기에도 그것이 우리 시선을 벗어나기 때문에 언어 개념을 보완하려면 이 역사적 접근이 필요한 듯이 보인다." 따라서 첫 번째 강의는 전적으로 언어변화에 할애되었다.

그 결과, langue란 용어는 세 번째 강의에서보다 더 직설적으로 번역된다. 소쉬르는 세 번째 강의에서 이 세 폭의 병풍 중 두 번째 화폭을 열어젖히고, 공시체계로서의 '언어'를 논의한다. 그리하여 이를 'the language'로 번역하는 것이 일관되고 자연스럽다. 그것은 소쉬르가 강의를 구상하는 이 단계에서는 이것이 주로 프랑스어, 독일어, 그리스어 등의 개별언어를 가리키는 것으로 보인다는 점에서 그렇다. langue가 때로는 단수 총칭의 의미로 사용되는 경우도 있다(세 번째 강의를 적은 콩스탕탱의 노트에 붙은 「영어판 옮긴이 서문」, 앞의 책, p.xviii[26쪽] 참조). 그러나 소쉬르는 아직 그의 사상의 발전 과정에서 이 정도까지는 완벽하게 도달하지 못한 것으로 생각된다.

조지 울프

## 일러두기

1 '✝' 표시가 없는 각주는 모두 옮긴이가 추가한 것이다. 원주 아래에 별표(*)로 이어지는 내용이 있는 경우, 이 또한 옮긴이가 추가한 것이다.

2 원서에서 강조를 위해 사용된 이탤릭체는 굵은 글자로 바꾸었다.

3 원서의 인용 부호(« »)는 작은따옴표로 바꾸었다.

4 원어의 괄호, 대괄호, 화살괄호는 최대한 살려 번역하는 것을 원칙으로 하되, 어법상의 차이와 강의 필기라는 특성 때문에 옮기기 어려운 부분이 있는 경우 유연성을 발휘했다. 원서에서 열고 닫는 괄호의 짝이 맞지 않는 경우, 가능한 선에서 옮긴이가 수정했으며, 이러한 경우를 제외하고는 옮긴이가 임의로 괄호를 추가하지 않았다.

5 고딕체로 쓰인 절(소)제목, 번호, 외국어 단어 독음 및 뜻풀이, 참조 쪽수 등은 모두 옮긴이가 추가한 것이다.

6 단행본·정기간행물에는 겹낫표(『 』)를, 논문·단편 등에는 낫표(「 」)를 사용했다.

7 외국 인명이나 지명, 작품명은 2002년 국립국어원에서 펴낸 외래어표기법을 따르는 것을 원칙으로 하되, 관례가 굳어서 쓰이는 것들은 관례를 따랐다.

# 노트 I

# 일반언어학

1906/7년                      주당 2시간
겨울 학기                    수요일 1시간
1906년 1월 16일[원문 오류 그대로]

페르디낭 드 소쉬르 교수의 강의

예비적 고찰

## § 1
## 서론

언어학을 <u>내적</u> 원리에서 출발하여 정의할 수 있다. 즉 인간언어le langage 나 개별언어les langues에 대한 과학이 그것이다. 그렇다면 즉각 제기되는 질문은 인간언어란 무엇인가 하는 것이다. 언어학에 대한 총체적 시각을 지닌 언어학자조차 언어la langue라는 언어현상의 성질이 무엇인지 결정하는 것은 매우 어렵다. 우리가 이용 가능한 단시간에 최우선으로 이를 결정한다는 것은 환상이다.

　따라서 지금으로서는 언어학을 <u>외부</u>로부터 정의하는 것을 기점으로 삼고, 전체적으로 모색하고 고찰하여 언어학이 아닌 것이 무엇인지를 확립함으로써 자기 정체의식을 찾아야 한다(어린아이와 비교!). 그러한 정의는 언어학이 인접 과학과 맺는 관계와 접점뿐만 아니라 차이로도 이들 분야의 〈주변〉 경계를 설정하는 것이다.

## 언어학과 인류학

언어학이 인정하는 인류학적 가치에 기반해서 언어학은 인류학과 일치하지 않는다는 점을 깨닫는다. 빌헬름 훔볼트[1]는 사람들이 언어라는 척도에 의해 여러 인종으로 분류된다는 견해를 최초로 표명했다. 미지의 사람들이 어느 종족과 관련이 있는지를 결정하기 위해 인류학자들이 던진 첫 질문은 이 종족이 사용하는 언어가 어떤 언어인가 하는 것이었다. 어쨌든 한 나라의 정치사에 의해 결정되는 절대적 동질성을 제외하면, 동일한 민족에서 유래하는 우세한 인종은 단일 언어에서 유래한다는 것이다.

## 언어학과 문헌학

기원상으로 볼 때, 언어학은 문헌학과 밀접한 관계를 맺고 있다. 처음에는 언어학을 위한 지정된 자리가 문헌학의 영역에 없었다. 문헌학자는 동시에 언어학자이기도 했기 때문이다. 언어학의 대상과 문헌학의 대상의 성질과 목표가 만나는 지점을 살펴보면, 특히 이 두 학문의 대가들이 이 두 분야를 얼마나 혼동했는지를 잘 이해할 수 있다(예컨대 〈루이〉 아베[2]). 문헌비판은 분명히 문헌학의 방법이자 목표이지만, 언어학에는 회의적이다. 문헌학은 기록된 문헌과 언어 자체를 혼동했는데, 이러한 혼동 때문에 언어학의 발전이 지체되었다. 하지만 언어학은 문헌

---

1 Wilhelm von Humboldt(1767~1835). 독일의 철학자이자 언어학자. 베를린의 훔볼트대학 창설자이다. 널리 알려진 저서로『언어구조의 다양성과 그것이 인간정신 발달에 미치는 영향』(*Über die Verschiedenheit des menschlichen Sprachbaus und ihren Einfluss auf die geistige Entwicklung des Menschengeschlechts*, 1836)이 있다.

2 Louis Havet(1849~1925). 프랑스의 문헌학자이자 그리스어·라틴어 전문가.

학자의 다소 합리적인 동기로부터 엄격한 문헌비판이라는 장점을 지속적으로 끌어냈다. 다른 한편, 문헌학적 관점에 대한 반작용으로 언어와 문자기호를 혼동함으로써 언어에 대한 또 다른 과잉 반응을 보였다. 그리하여 언어학은 음운<sup>음성</sup> 연구로 바뀌었다. 즉 1) 발화 매커니즘의 연구(발화생리학Sprachphysiologie/음성생리학Lautphysiologie. 〈『음성학의 기본 원리』 *Grundzüge der Phonetik*. 지페르스[3]는 이를 '음성학'Phonétique으로 불렀다. 영국 학자들은 모두 'Lalletics'로 불렀다〉). 우리는 이 연구를 '음운론'Phonologie이란 이름으로 부르려고 한다. 2) 음성법칙에 대한 이러한 방식의 연구, 즉 언어사에서 음성발화 연구는 '음성학'이란 제하에 포함시킬 수 있다. 그러나 학자들이 음운론과 음성학에 지나치게 몰두하면서 언어학 역시 반작용에 부딪혔다. 그리하여 언어형성에서 정신현상이 절대적 역할을 한다는 점을 인정하게 되었다. 발화된 음성은 청각법칙에 지배될 뿐만 아니라 또한 심적 영상으로서 심리학에도 속한다. 〈언어학과 심리학〉 하지만 분트[4]가 주장한 바처럼, 언어학은 심리학에 포섭되거나 심리학으로 바뀔 수 없다.

심리학은 언어학에 호감을 갖는 분야가 되었지만, 언어학에 크게 기여하지는 못했다.

---

3  Eduard Sievers(1850~1932). 독일의 고전문헌학자이자 게르만어 역사비교언어학자. 라이프치히학파의 소장문법가로서 지페르스의 법칙으로 유명하다.

4  Wilhelm Wundt(1832~1920). 독일의 심리학자이자 철학자. 언어에 대해서도 깊이 연구했다. 실험심리학의 창시자이기도 하다. 주저로『민족심리학』(*Völkerpsychologie: eine Untersuchung der Entwicklungsgesetze von Sprache, Mythus und Sitte*, 전 10권, 1900~1909)이 있다.

### 언어학과 논리학

문법은 언어학과 가장 밀접하게 접촉한 논리과학이다.[5] 실제로는 언어학에서 문법에 대한 〈전적인〉 고려는 아예 없다. 문법은 언어학과 교체될 수 없다.

### 언어학과 사회학

언어학이 심리학과 가장 중요한 관계를 갖는 것은 사회학을 매개로 하기 때문이다. 이 점은 뒤에서 살펴볼 것이다.

　　언어학을 보다 깊이 이해하려면 두 가지 방법이 있다. 이론적 방법(종합)과 실제적 방법(분석)이다. 우리는 두 번째 방법에 따라서 논의를 시작할 것이다.

§ 2

언어 오류의 분석

오류 분석은 논의 중인 언어과학을 부정적인 측면에서 고찰하는 것이다. 언어 오류는 베이컨이 말한 언어 동굴(오해)이나 언어학의 우상[6]으

---

5　논리학자 아르노(Antoine Arnauld)와 문법학자 랑슬로(Claude Lancelot)가 지은 『일반이성문법』(*Grammaire générale et raisonnée*, 1660)을 염두에 둔 듯 보인다. 이 책은 언어 자체를 연구하려는 것이 아니라 언어 내에서 이성적 논리 기반을 찾으려는 노력이며, 자연스럽고 명석하게 논리적으로 말하는 기법을 설명하고 있다. 이는 아르노와 니콜(Pierre Nicole)이 지은 『논리학 또는 사고기법』(*La logique ou l'art de penser*, 1662)과도 일맥상통한다.

6　프랜시스 베이컨이 『지식 습득의 새로운 방법』(*Novum organum*, 1620)에서 논의한 지식 오류의 네 유형 중 하나로서, 개인의 마음(동굴) 속에서 일어나는 생각은 개인의 기질, 습관, 경험, 환경에 따라 바뀐다는 설이다.

로 부르는 것과 같은 것이다.

(1) 언어변화에 대한 잘못된 관념에서 유래하며 잘못 불리는 오류 : 언어타락

언어타락과 언어변화는 분명하게 구별해야 하고, 언어학적 지위가 전혀 없는 언어타락이란 개념을 내던져야 한다.

자연스러운 흐름을 따르는 언어의 고유 속성은 변하는 것이다. 언어가 변하지 않고 그대로 있다거나 거의 부동상태라면, 무엇인가 비정상적인 일이 일어난 것이다. 이 비정상적 사실은 언어 외적인 현상에서 그 설명을 찾을 수 있다. 언어가 인위적으로 영향을 받으면, 언어는 온실이란 환경에 안주한다. 실제로 2~3세기 전부터 프랑스어에 이러한 사태가 일어났다. 프랑스어가 거의 변하지 않고 부동상태인 이유는 이것 때문이다. 즉,

a) 각자가 말하는 프랑스어를 거의 그대로 글로 옮겨 적는 고도화된 문명

b) 외부로부터 프랑스어 변화를 억제하는 방대한 문학이 갖는 비언어적 현상

c) 프랑스어를 공식적으로 통제하는 아카데미 프랑세즈[7]

2세기 전부터 이 요인들이 없었더라면, 우리는 코르네유[8]와 데카르트의 프랑스어를 이해하지 못할 것이다.

언어타락의 개념은 언어가 올바르다고 판단한 시기, 즉 고전기와 관련하여 절대적 부동보다는 오히려 상대적 부동이 필요하다는 것을 의미한다. 예컨대

---

7  1634년 리슐리외 경이 창설한 국가기관으로서 프랑스어를 규범화하고 갈고닦아 프랑스 문학과 정신을 고결하게 만드는 것을 설립 목적으로 한다.

8  Pierre Corneille(1606~1684). 프랑스 고전기의 시인이자 극작가.

honc, oino, ploirumei

처럼 읽었던 것을 얼마 지난 후에는

hunc<sup>이, 이것</sup>, ūnum<sup>하나</sup>, plurimi<sup>많음</sup>

와 같이 읽었다.[9] 그리고 deicĕre: dīcĕre<sup>말하다</sup>는 언어타락이라고 할 수 없다. 왜냐하면 고대시기와 고전시기를 함께 비교하기 때문이다. 몇 세기 더 지나면

vinea<sup>포도밭</sup>   cuneum<sup>구석</sup>

대신에

vinia    cunium

과 같은 단어가 발견된다. 이렇게 되면 언어타락이라고 한다.[10] 하지만 이들 현상은 동일한 차원의 두 측면이다. 즉 언어가 진화한 것이다.

그리하여

---

9 '타락한' 구어형을 문어 형태에 맞추어 교정한 형태이다.
10 규범주의자들은 궁정의 '올바른 용법'(주로 문어)에 기반한 프랑스어 이외의 프랑스어 변이체는 타락한 형태로서 틀린 프랑스어(mauvais usage)라고 하였고, 심지어 프랑스어가 아니라고까지 생각했다.

언어발달이 아니라 규칙변화가
언어타락이 아니라 규칙변화가 있다.

대중들 사이에 벌어진 고전 그리스어의 발음에 대한 에라스뮈스주의자
와 반에라스뮈스주의자의 논쟁[11]은 이 언어타락의 개념과 관련되며, 모
순된 모습을 보여 준다(사람들은 그리스어 발음이 그처럼 수 세기가 지나
도 변하지 않았기를 바란다!).

　　언어타락의 개념으로부터 방언과 특유어(소지역어)idiome[12]에 대한
잘못된 평가가 나온다. 그 이유는 두 가지이다. 왜냐하면
1) 언어타락이란 없기 때문이며,
2) 설사 언어타락이 있더라도 그것은 프랑스어가 아니기 때문이다.
이는 다음 도식으로 그릴 수 있다.


　　　　　　　　프랑스어 $\longrightarrow$ 지역어
　　　　　　　　　　　타락


실제로는 이 현상이 아니라 다음과 같은 현상이 일어났다.


---

11  1512년에 에라스뮈스가 신약성서를 그리스어와 라틴어로 번역하면서 기존의 교회 전통과
　　다르게 번역하고 기록한 것을 두고 일어난 논쟁이다.
12  프랑스어에는 '언어변이체'를 가리키는 여러 용어가 있다. langue, dialecte, sous-dialecte,
　　parler, patois 등이다. 'idiome'는 흔히 이 변이체를 구별하지 않고 지칭할 때 사용하며, 지역
　　의 특유어(지역어+사회어)를 가리킨다.

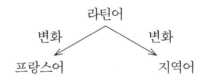

즉 서로 파생될 수 없는 두 언어 개체를 비교해서 언어타락이 일어난 것이 아니라 원시어<sup>라틴어</sup>와 관련해서 언어변화가 일어나 필연적으로 두 영역이 된 현상이다.

(2) 문자표기에서 유래하는 오류

⟨a⟩ 더욱 일반적 특성을 지닌 오류⟩

아주 자연스럽게도 우리는 발화된 기호보다는 문자로 기록된 기호에 우선권을 부여한다. 즉, 우리로서는 문자로 기록된 기호는 발화된 유형이거나 모델이다.

이는 두 가지 원인 때문이다.

a) 대부분의 사람에게 있는 심리적 원인 : 즉 청각을 통해 전달되는 것보다는 시각을 통해 주어지는 것을 더 중요시하는 성향이나 경향 때문이다. 더욱이 이는 문자체계가 발화보다 더욱 안정적 요소라는 사실에서 유래한다.

b) 좀 더 구체적인 원인 : 언어<sup>랑그</sup>는 약호의 지배를 받으며, 이 약호가 글쓰기 규칙(학교 문법)이라는 생각 때문이다. 각자는 글쓰기를 배우기 전에 이미 말하는 것을 배우고, 그래서 그 관계가 역전된다는 사실을 잊어버린다. 이러한 관념이 잘못된 것이라는 것을 보여 주는 가장 좋은 징표는 '발음'이란 단어에 무의식적으로 부여하는 의미( = ⟨음악에서⟩ 악기 연주의 음표처럼, 문자로 기록된 기호의 음성적 실행)이다.

사실상 언어학이 문자로 기록된 단어를 기반으로 취하는 것은 불가능하다. 그것은 언어학의 대상을 〈극히〉 제한하는 것이다. 알파벳의 목적은 발화하는 음성을 규약 기호로 고정시키는 것이다. 단어의 종류가 두 가지인 것이 아니다(중국어처럼 순수하게 표의문자 표기는 제외하고, 적어도 모든 표음문자 표기에서 말이다). 문자로 표기한 단어는 발화 단어와 일치하지 않는다. 하지만 〈그것은〉 거기에 종속되어 있다. 따라서 문자로 기록된 단어가 아니라 발화 단어에 우선권이 있다. 대중이 생각하는 지배적 견해는 문자표기가 없다면 언어는 전수되지 않는다는 것이다. 이것은 틀린 말이다. 문자표기는 언어변화를 가로막지만, 반대로 문자표기가 없다고 해서 언어가 보존되지 않는 것은 아니다. 리투아니아어(인도유럽어의 한 개별어. 러시아령 폴란드에서 사용된 리투아니아어[13])는 154년에야 기록되었지만, 상고대로부터 기록된 다른 언어들보다 그 기점인 원시 인도유럽어에서 관계가 그리 먼 언어가 아니다. 이 언어는 기원전 2세기의 라틴어보다도 언어학자들에게 더욱 큰 흥미를 불러일으킨다. 이러한 점에서 언어가 문자표기와 독립적이라는 것이 이해된다. 언어사실이 기록되지 않았다고 해서 후대에 전혀 보존되지 않는 것은 아니다.

〈고대〉 고지 독일어의 전 시기에 걸쳐

tôten<sup>죽은</sup>   fuolen<sup>느끼다</sup>   /   stôzen<sup>밀치다</sup>

로 기록되던 것이 1180년경에는 다음과 같이 기록되었다.

---

13  리투아니아와 폴란드가 연방 구성을 하다가 18세기 후반기에 삼분되었고, 그중 한 지역이 러시아제국에 속했다.

toeten  füelen  /  stôzen

이 변화로 생겨난 차이는 어디서 유래하는가? 원래 움라우트가 생겨난 곳에는 그다음 음절에 j가 있었기 때문이다. tötjan, fuoljan처럼 말이다. 이 j가 거의 자취를 감추면서 선사 말엽〈800년〉의 독일어에서 소실되었다. 그러던 것이 12세기에 움라우트에서 거의 기적처럼 되살아났다. 문자표기는 거의 3세기 동안 이 사실을 반영하지 못했지만, 발음 차이는 충실하게 그대로 전수되고 계속 발달하여 마침내 문자표기에서 발현되었다. 이와 같은 현상이 리투아니아어에도 있다.

　이와 반대로, 없던 언어사실을 문자표기가 표시하기도 한다. 언어는 이에 괘념치 않고 계속 발달한다.

toon<sup>저것</sup>, root<sup>그을음</sup>, mooter<sup>어머니</sup>, toot<sup>뿔소리</sup>

이후 이들의 운명은 아주 달라져서

tuon, roet, muoter, toot

가 되었다(영어를 통해 알 수 있듯, 처음에 toon은 tôn이 되었고 root는 raut가 되었다). 그래서 영어에는 문자표기 전통과는 달리 아주 미세하고도 강인한 구어적 전통이 있었다. 이러한 이유로 우리는 <u>다시 한번 문자로 기록된 단어보다 발화 단어가 우위에 있다는 것을 주장해야 한다.</u>

　하지만 문헌으로 기록된 단어가 없으면 안 된다. 그것은 녹음으로만 대체될 수 있을 것이다. (언어학적 용도를 위한 녹음 자료집이 빈<sub>Wien</sub>

대학에 보관되어 있다.) 이 녹음 자료를 문헌으로 간주한다 하더라도 지나치게 과신해서 오류를 저지르지 않도록 유의해야 한다. 문자로 기록된 단어와 발화된 언어의 관계를 이처럼 생각하면 잘못이다. 즉

$$\frac{\text{기록된 단어}}{\text{발화된 단어}} = \text{(언어학의) 대상}$$

〈그리하여 우리는〉 문자로 기록된 단어도 발화된 단어도 아니고, 이 두 가지 모두도 아닌, 정의하기 불가능한 단위를 갖게 된다.

$$\text{발화된 단어} = \text{대상}$$

(문자로 기록된 단어, 문헌자료)

원리로 설정된 이 불신을 설명하려면, 문헌기록으로 채택한 문자표기조차 부정확하다는 점을 이제 증명해야 한다.

정서법의 오류라고 말할 수도 있다(더 좋은 표현은 '나쁜 정서법'cacographie이다!). 통상적으로 정서법( = 단어를 문자로 쓰는 정확한 방식)은 음성보다는 단어와 관련이 있다〈그리고 우리는 음성을 음성으로서 어떻게 써야 하는가가 아니라 단어를 단어로서 어떻게 써야 하는가를 궁금해한다〉. 〈게다가〉 정서법에는 이미 거기에 어느 것을 선택할지 망설인 모습이 들어 있다. 왜냐하면 사람들이 올바른 정서법과 틀린 정서법에 대해 말하니까 말이다.

〈b) 더욱 특수한 성격의 오류 (I)〉

그런데 가장 심각한 오류는 정서법의 불일치 사항에서 기인한다. 왜 정

서법은 불일치할 수밖에 없는가? 여기서 사실상 필연적이면서 기계적인 현상이 있다. 즉 정서법을 타당한 근거에서 확립할 수는 있지만, 이 준거가 그 후에는 더 이상 타당한 근거가 못 된다. 왜 그런가? 문자로 기록된 단어가 발화된 단어와 일치하지 않으면, 글로 기록된 기호를 사람들이 의심하기 때문이다. 이는 아주 잘못된 것이다. 왜냐하면 이 정서법의 불일치는 발화된 단어 쪽에 그 원인이 있기 때문이다. 문자로 기록된 기호는 동요가 없지만, 이 기간에 음성은 언어의 자연적 발달에 따라 변화한다. 물론 정서법도 자유로이 변하지만, 이 변화는 논리적이다(예컨대 teste 대신에 tête<sup>머리</sup>로, asne 대신에 âne<sup>당나귀</sup>로 표기한다[14]). 우리에게는 서로 상응하는 두 체계, 즉 문자기호 체계와 음성체계가 있다. 음성은 변하지만, 기록된 문자기호는 변치 않고 그대로 남아 있다. 이로 인해서 기호의 가치가 〈간접적으로〉 변동하고, 기록된 기호의 약정적 가치에 기반한 등가관계가 틀리게 되는데, 이는 음성 측면이 변해서 그렇게 불일치된 것이다.

　　이를 판단하려면, 문자표기가 간접적으로 변하지 않은 기점을 잡아야 한다. 이 계기는 한 민족의 역사에서 오직 한 번만 나타난다. 한 민족이 언어를 문자로 최초로 기록하기 시작하는 때가 기점이며, 이 시기에도 다른 민족에게서 음성습관을 차용하지 않아야 한다. 이처럼 유래가 없는 경우에, 음성을 표기하기에 앞서 문자기호를 고정하는 규약은 자유롭다. 아주 널리 알려진 사례는 최초의 그리스어 알파벳 창제이다. 그리스어 알파벳에서 파생되었지만 라틴어 알파벳도 그러한 사례에 속한다. 여기서도 그 규약이 아주 자유롭기 때문이다. 문자언어에 관

---

14　s의 탈락에 따른 보상작용으로 앞의 모음이 장음화되었다.

한 한, 라틴인라틴어에게서 유래하는 게르만족게르만어의 경우는 그렇지 않았다. 그리스인의 최초 정서법에서는 음성연쇄가 일관되게 표기된 것을 볼 수 있다. 발화 요소의 수는 문자로 기록된 요소의 수와 같다. 따라서

ps  Ψ가 아니라 ΦΣ이고,
ks  Ξ가 아니라 ΧΣ이고,
ph  Φ가 아니라 ΓΞ이다.

최초의 라틴어 정서법 체계도 아주 신뢰할 만했다. 그러나 이 시기부터 이 모든 정서법 현상은 자유로운 규약 때문이 아니라 자연스러운 음성변화로 인해 불일치를 노정하게 되었다. 라틴어 철자법이 고정된 사례를 들어 보자.

| 역사적 흐름을 겪는 음성 영역 | | | 문자표 | |
|---|---|---|---|---|
| 최초 시기 | ūva포도 | humanus인간의 | ūva | hūmanus |
| 후기 라틴어[15] | ūva | ūmanus | ūva | hūmanus[16] |
| (포르투나투스[17] 시기) | | | h = 0묵음 | |

부차적인 현상에 유의하자. 위에서 말했듯이 문자표기는 단어와 다소간 관련이 있다. 정서법을 말할 때 마음에 떠오르는 것은 음성이 아니라 단어인 이유가 이 때문이다. 그것은 특정 음성이 특정 단어에서

15  3~6세기의 라틴어로서 고전 라틴어와 중세 라틴어 사이의 시기이다.
16  최초에는 h가 발음되었으나 후에 이는 묵음이 되었고, 문자표기로만 남아 있다.
17  Venantius Fortunatus(530?~600/609?). 6세기의 라틴 시인이자 초대 교회 주교.

만 특정 기호를 유도하는 까닭이다. 그런데 단어들 가운데 이들이 헷갈려서 그 단어의 역사에 속하지 않는 요소〈예컨대 h〉를 그 단어에 귀속시키는 경우도 있다.

또 음성합류fusion도 일어날 수 있다.

| 음성 영역 | 문자표기 | |
|---|---|---|
| e œ | e œ | ǀ 제1시기 |
| e ee | œ | ǀ 제2시기 |
| | œ = e (단일 음성가치에 두 개의 문자기호) | |

이와 반대로 음성분열dédoublement도 일어날 수도 있다.

| 음성 | 문자표기 | |
|---|---|---|
| cor civitas ǀ | cor마음 | civitas도시 |
| (k) (k) | | |
| cor civitas ǀ | cor | civitas |
| (k) (ts)[18] | | |
| | c = k | |
| | c = ts (음성적으로 다른 두 음가에 하나의 문자기호 사용) | |

18  c가 a, o 앞에서는 k로 유지되나 e, i 앞에서는 구개음화되어 ts로 발음되었다.

이 음성변화(예컨대 cor와 civitas)는 단지 부분적이기 때문에, 여기에서 음성과 문자표기의 불일치가 생겨났다. 하지만 이 모든 사례에서 음성 측면에 불일치의 원인을 찾아야 한다. 예컨대 근대 독일어에 나타나는 정서법의 불일치는 문자기호를 잘못 선택해서가 아니라 음성의 역사적 변화 때문에 생겨난 것이다.

| 음성 | | 문자표기 | |
|------|------|------|------|
| tier | bieten | tier<sup>동물</sup> | bieten<sup>제공하다</sup> |
| (i+e) | (i+e) | | |
| tîr | bîten | tier | bieten |
| | | ie = î | 부분적으로 변화 |

사실상 tier와 bieten 같은 예에서 ie = î라는 표기법을 채택한 후, 이를 다른 사례에도 적용했다〈적용할 수 있다〉. 예컨대 gestîgen은 gestîgen이 된 후에 gestiegen<sup>올랐다</sup>으로 표기되었다. 영어 발음 i = i, ai 역시 종잡을 수 없다.

| 음성 | | 문자표기 | |
|------|------|------|------|
| ship | mind | ship | mind |
| (12세기) ship | maind | ship | mind |

마찬가지로 프랑스어도 음성 oua를 표기하는 표기법이 일치하지 않는다. oi는 문자의 익살스러운 분포에서 유래하는가? 전혀 그렇지 않다. 이는 음성변화로 생겨난 자동적인 등식 때문에 생겨났다.

| 음성 | 문자표기 |
| --- | --- |
| roï | roi |
| rue | roi |
| rua[19] | roi |

그리하여 ua = oi라는 등식이 생겨났다.


ai도 이와 유사하다.


| 음성 | 문자표기 |
| --- | --- |
| maïson | maison |
| meson | maison |

ai = e   여기서 불합리한 표기법인

e = ai = è = ê가 생겨났다.[20]


전통적이거나 전승된 정서법은 부정확하고 모순된다고 말할 수 있다. 그런데 정서법을 논하는 학자들은 지중해안의 두세 사례의 알파벳 형태를 제외하고는 전통적인 정서법도 역시 얘기한다. 왜냐하면 모든 정서법은 전수된 것이기 때문에 기원까지 거슬러 올라가야 한다는 것이다. 그 경우에도 계속되는 언어진화는 막지 못할 것이다. 그래서 이 같은 불일치하는 정서법을 한 세기 전의 프랑스어 정서법에 적용해서 교정했더라면, j를 통일되게 표기했을 것이다⟨j는 반자음이며, 프랑스어 j

---

19  오늘날 음성표기는 [ʀwɑ]이다.
20  폐음절의 e, ai, è는 개음 [ɛ]로 발음되고, ê는 장음 [ɛː]로 발음된다. ai=e는 단모음화이다.

는 아니다! 해럽Harrap판 불영사전, p. viii 참조〉.[21] 이 표기와 발음은 후에 가서야 발음과 일치되었지만〈확립되기 시작했지만〉, 당시 문법가들은 이를 거부하였다. 동일한 형태로 일관성 있게 표기해야 했다. brouiller뒤섞다, veiller밤샘하다 : s'asseyait그는 앉아 있었다(반자음 j = y, ill)로 표기된다.[22]

여기까지는 선택이 자유롭든 강요된 것이든 최초의 시기나 그 후에 문자기호의 음가는 구어에 의해 결정되었다. 그러나 〈(II)〉 기록된 기호에 의해 언어가 왜곡될 가능성이 있다. 문자가 발화음성과 똑같이 중요하거나 더 우세한 경우에 그런데, 이 혼란은 발화언어(지역구어 patois)만 아니라 기록된 문어langues écrites에서도 일어난다. 이것이 문자에 의한 언어타락과 왜곡이라고, 이 용어의 진정한 의미에서, 선험적으로 말할 수 있다. 사실상 기록된 문자기호는 1) 언어 외적인 것이며, 2) 자의적이다. 따라서 단어가 틀리게 기록되고 틀리게 발음되면, 진정한 언어왜곡 현상이 일어난다. 예컨대 Lefèvre란 성姓은 어떻게 발음되고 기록되었는가? Lefebure이다! Lefevre는 faber장인(orfèvre금은세공사)에서 유래하는데, 어쩌다가 b가 끼어들어 fevbre가 되었다. 또 우연히 Lefevre도 Lefebvre로 기록되었다. 그러면서 고래로부터 v와 u를 오가던 제2단계의 애매모호한 정서법[23]으로 인해

---

21  프랑스어 j는 경구개 마찰음 [ʒ]로 발음된다. (예) jeu[ʒØ], juillet[ʒμε]. 반면 프랑스어에서 반자음 [j]는 i와 모음이 결합하거나 혹은 ill에서 발음된다. (예) ciel[sjεl], fille[fij].
22  발음은 다음과 같다. brouiller[bruje], veiller[veje], s'asseyait[saseje].
23  똑같은 발음인데도 어떤 경우에는 u, 어떤 경우에는 v로 표기하는 혼란이다.

$$\begin{cases} v = \text{음성 } u \text{ (모음)와} \\ \quad\ \text{음성 } v \text{ (f의 유성음)} \\ u = \text{상기와 동일!} \end{cases}$$

〈사람들은 16세기까지 여전히 uentre와 ventre<sup>배, 복부</sup>를, mvtin과 mutin<sup>반항적인</sup>을 구별 없이 썼고, 심지어 사전에서도 v를 u 항목에서 찾거나 반대로 u를 v에서 찾았다. 17세기에 와서야 비로소 이 둘을 구별하기 시작했다.〉

사람들이 v와 u를 구별하기 시작했을 때, Lefébure란 새로운 독법이 생겨났다. 공증인과 가족은 Lefèvre나 Lefébure로 읽었다. 이처럼 v와 u의 혼란으로 Lefevre는 Lefeure(eu = ö)로 읽기도 했다. 이제 프랑스어 전체가 영향을 받았고, 틀린 정서법에 기초한 사전 때문에 이 발음은 승인을 받았다. 예컨대 août<sup>8월</sup> = a-ou의 발음은 ou와 함께 수용되었다.[24] 또 다른 사례로는 중복자음이 없는 프랑스어의 특성이 있다.[25] 하지만 오늘날 프랑스어 사전이 인정하는 발음표기에는 전체 중복자음 계열이 나타난다. 그래서

| coriger<sup>고치다</sup> | correct<sup>정확한</sup> |
|---|---|
| 가 아니라 | correction<sup>교정</sup> |
| somaire<sup>간략한</sup> | grammaire<sup>문법, 규칙</sup> [26] |

24  août[u]는 발음과 철자의 불일치가 매우 크다.
25  중복자음은 단자음으로 발음된다. homme[ɔm], bonne[bɔn].

여기서 이들 단어가 학술어라는 것 때문에 사례의 효력이 감소하지는 않는다. 왜냐하면 이들 단어가 —— 정상적 언어법칙에 따라서 —— 프랑스어에 들어왔을 때, 당시에 통용되던 발음에 맞게 조정되었고, corect로 적어야 했기 때문이다.

문자가 나타내는 오류가 일반적이었기에 구어를 기록한 기호체계를 발음에 맞게 고치려면 음성법칙이 변형되는 수도 있다. 당시 프랑스어에는 기호론적 축이 두 가지 있었다. 이 왜곡현상을 병리적이 아니라 정상적인 것으로 생각하면, 두 분야의 언어과학을 설정할 수 있고, 그러면 구어는 기록된 문어와는 완전히 별개의 것으로 간주되어야 한다.

문자에 의한 언어왜곡 현상의 기저에는 미신이 있다. 이 미신은 쫓아내도 두세 배 더 강력하게 되돌아온다. 문자가 행사하는 영향력 때문이다. 예컨대 단어 발음을 논의할 때, 우리는 무의식적으로 문자를 참조한다. 예컨대 'gageure'내기의 발음을 결정한다고 가정해 보자. 각자가 인용하는 권위는 무엇인가? 문자이다. 문자에 기반하여 유추를 이용하여 이 문제를 해결하려 한다. gajure로 정확히 발음하는 주장자도 plongeon(따라서 gageure) 같은 예를 이용하여 그 발음을 정당화한다.[27] 반면에 유일한 올바른 관점은 언어현상이다. 즉 courbure구부리기가 courber 구부리다에서 파생되고, allure걸음걸이가 aller가다에서 유래하듯이 gageure는 gager돈을 걸다에서 유래한다고 한다. gajure로 쓰지 않는 것은 gager란 단어의 정서법에 혼란을 일으키지 않으려는 이유 때문이다. gageure라는 발

---

26 coriger[kɔriʒe](오늘날 철자는 corriger), correct[kɔ.rɛkt/ kɔr.rɛkt], somaire[sɔmɛr](오늘날 철자는 sommaire. 발음은 단음으로 하고, 철자는 중복자음으로 표기한다), grammaire[gra.mɛr/ gram.mɛr].

27 gageure[gaʒy:r], plongeon[plɔ̃ʒɔ̃].

음은 아무 존재 이유가 없다. 외래어 단어의 발음도 이와 마찬가지이다. 취리히는 Tsürcʰ인가 Züric인가?[28] 사람들은 Züric을 지지하는데, 그 추론은 다음과 같다. 프랑스어에서 z는 유성음이고, 우리는 프랑스인이므로 Züric으로 발음해야 한다는 것이다. 여기서 기호 z는 절대치를 지닌 것으로 생각되고, 정서법은 국가적 자산, 유산으로 간주된다. 하지만 올바른 발음은 Tsürcʰ고, Züric은 문자에 의해 발음이 왜곡된 것으로 존재할 뿐 다른 이유는 없다. 물론 여기서 우리는 과학적인 판단만을 할 뿐이며, 관행은 Zürich로 발음하는 것이다!

그래서 이러한 것들이 문자에서 유래하는 언어 오류이다. 이 오류들을 설명하는 적극적 대안은 정서법을 개혁할 여지가 있는지, 이 정서법 개혁을 달성하는 최선의 방책이 무엇인지를 조사하는 것이 아니다. 문자에 대한 언어논리적glossologique 연구보다는 문자논리적graphologique 연구를 해야 한다. 문자와 정서법의 차이는 후자가 공적 특성을 지니고, 공용함으로써 널리 인지되어 있다는 점이다. 따라서 정서법 연구는 기호학적 연구이자 동시에 사회적 연구이다. 이 정서법 연구는 분명 매우 흥미롭지만, 발화기호론과 분리한다는 〈조건에서〉 연구가 가능하다 〈발화기호론은 정서법 연구와 가상적 한 분야로 함께 묶을 수는 없다〉. 따라서 우리는 발화언어에만 연구를 국한할 것이다.

이러한 정서법의 분리 필요성은 ──실질적으로나 실제적으로── '유동적 정서법'(가스통 파리[29]에 따르면 '문자법'graphies으로 불린다)을 이

---

28  Tsürcʰ[ˈtsyːrɪç], Züric [zyʁik]. 전자는 독일어식 발음, 후자는 프랑스어식 발음이며, 취리히는 독일어권에 속한다. 이 단락 맨 아래의 Zürich는 [zyʁiʃ]로 발음된다.

29  Gaston Paris(1839~1903). 프랑스의 중세 연구자이자 로망스어 학자. 1872년에 학술지 『로마니아』(Romania)를 창간하기도 했다.

유로 강제된다. 다시 말하자면, 여러 시기에 걸쳐 여러 다른 기호로 음성을 고정시키려는 시도 때문에 어쩔 수 없다. 예컨대 ertha, erdha, erda에서 〈th, dh, d는〉 하나의 동일한 음성개체를 표상하는데, 그러면 그 음성개체는 무엇인가? 이를 문자로부터 도출하려면 불가능하다. 여기에서 음운론적 바탕이 반드시 필요하다. 다음도 마찬가지이다.

thrî 숫자 3    dhrî    dri

gehan 고백하다    iehan    giehan

다소 다른 사례로서,

이웃하는 방언들이 동일 자음군을 달리 표시할 수도 있다. 고대 고지 독일어 ascha – asca 재[灰], 이들은 동일한 것인가 아닌가? 영토상의 지리적 차이로 이를 결정할 수 없다. 그리스어 방언에도 다음과 같은 동일한 사례가 있다. 도리스 그리스어의 $\pi\alpha\acute{\iota}\sigma\delta\omega$ 어린애처럼 놀다 – $\pi\alpha\acute{\iota}\zeta\omega$ 놀다 – $\pi\alpha\acute{\iota}\delta\delta\omega$ 놀다.

또 다른 사례로서,

서로 연속하는 두 시기도 관련 있다. 영어에서 볼 수 있는 사례로

hwat   hweel

은 후대에 가서

what   wheel

이 된다. 변화한 것은 두 철자법인가 아니면 음성인가?

이러한 혼돈에서 벗어나려면, 문자 이외의 준거가 필요하며, 음성 자체를 규정해야 한다. 튀로는 음운론에 의거하지 않고, 프랑스어 발음에 대한 대작을 남겼다(전 2권, 〈1881~1883〉).[30] 이 저서는 귀중한 정보로 가득하지만, 읽을 수 없다. 뭔가 분명한 개념을 〈얻을 수 없다〉. 예컨대 ill, l, lj(구개음화된 l)는 LH로 지시하는데, 이 새로운 글자의 모습은 다른 글자를 더한 것이고, 어디에도 존재하지 않는 허구의 단위이다. 어쨌든 발음에는 존재하지 않는다. 만일 그것이 존재한다면, 왜 그 발음을 기술하지 않았는가?

따라서 독일 학자들이 '음성(언어)생리학'으로 부른 연구, 우리 용어로 '음운론'phonologie을 반드시 연구할 필요가 있다. 〈음운론은 음성을 산출할 때 발음기관에서 발생하는 소리에 기초를 둔다. 따라서 그것은 생리적 기반을 갖는다(음성생리학). 지페르스는 발화의 생리학을 음성학phonétique(영어로는 phonetics)으로 불렀지만, 이 음성학이란 용어는 오직 역사적 연구와 언어학적 연구에 국한해야 한다.〉

## 음운론 원리

음운론 교습서가 일반적으로 채택한 방법은 좋지 않다. 왜냐하면 다음 사실을 망각하기 때문이다.

---

30  샤를 튀로(Charles Thurot, 1823~1882)가 쓴 『문법가들의 증언에 따른, 16세기 초 이래의 프랑스어 발음』(De la prononciation française depuis le commencement du XVIe d'après les témoignages des grammairiens)을 가리킨다.

1) 발성행위에는 양면이 있다는 것. 즉

a) 조음적 측면(입, 후두)

b) 청각적 측면(귀)

음운론 교습서의 방법은 첫 번째의 조음적 측면만 고려한다. 그렇지만 주어진 것은 첫 번째 조음적 측면이 아니라 두 번째 측면, 즉 〈청각적,〉 정신적 측면이다.

2) 또 음운론 교습서가 망각한 것은 언어에는 음성만 아니라 발화된 음성의 폭도 있다는 점이다. 또한 교습서는 고립된 개별 음성만을 고려한다. 그런데 〈음운분석을 시작할 때〉 우선 주어진 것은 분리된 개별 음성이 아니라 음성연쇄, 음성의 넓이이다. 청각자료는 무의식적이므로 귀를 통해서 p, b 등이 무엇인지를 바로 안다. 영화 기법을 이용하여 음성연쇄를 실현시키는 입과 후두의 모든 운동을 재생해 보면, 어디서 조음운동을 분할할지 알지 못한 채 단지 일련의 조음만 파악할 것이다. 하나의 음성이 어디서 시작되고, 다른 음성이 어디서 끝나는지 말할 수 없기 때문이다. 그리스인이나 라틴인이 알파벳을 표기할 때 그 근거는 청각이었다.

## FENESTRA

수평선은 음성연쇄 fenestra이다. 짧은 수직선은 음성들 간의 침묵<sup>休止</sup>을 나타낸다. 짧은 두 수직선 사이의 공간은 동질적 시간을 나타낸다. 본질적으로 중요한 사항은 우선 동질적 시간상의 발화연쇄를 구분하여 분할하는 것이다. 〈이 발화연쇄의 구분 측정이 개인에 따라 달라지는 경우, 즉〉 개인 간의 구분이 합의되지 않는 경우는 단 한 가지, 중복자음뿐이다. a b b a를 $\boxed{A}\boxed{B}\boxed{A}$로 써야 할 것인가, $\boxed{A}\boxed{B}\boxed{B}\boxed{A}$로 써야 할 것인가? (라틴인이 fuise를 fuisse$^{이었다}$로 기록한 것도 이 때문이었다.) 〈그리스인과 라틴인이 처음부터 발화연쇄의 분할에 의견이 달랐던 것은 이 중복자음뿐이었다.〉 물론 〈abba에서〉 중복 b는 〈a보다 두 배나 길게 지속되지만, 음성의 동질성은 음성이 8분음이나 16분음으로 지속하느냐에 달린 것이 아니다. 음성이 지속하는 전체 시간에〉 청각인상〈이 동일한지 아닌지를 인식하는 것이 중요하며, 음성이 변하면 즉각 다른 글자를 도입해서 표기해야 한다.〉 그리스인만이 정말 천재적으로 이 동질적 시간을 표기하는 법을 발견했다. 셈족은 오로지 자음만 표시했다 (F.N.S.T.R). 〈따라서 청각적 분석이야말로 발화연쇄의 음성을 구별하는 진정한 분석이었다. 하지만 청각인상은 기술할(정의할) 수 없었지만, 조음은 기술할 수 있었다. 그리하여 동일한 조음행위는 동일한 음성에 상응한다는, 즉 F(청각시간) = f(조음시간)라는 사실이 지적되었다. 그런데 얻어진 음성단위는 이미 복합 단위이다. 즉

$$\frac{F}{f} = \text{음소} = \text{청각인상과 조음행위의 합. 청취단위와}$$
$$\text{발화단위. 어느 하나가 다른 것을 조건 짓는다.}$$

수백 개의 발화연쇄를 분석하여 음성요소를 얻은 후, 추상에 의해 이들을 분류하는데, 음성요소의 수는 사실상 정해져 있다!〉 음성은 무엇보다도 조음형태에 따라 분류하는데, 조음형태만이 가시적이기〈(분석이 가능하기)〉 때문이다. 이 분류로부터 다양한 '음운 종류'가 생겨난다. 나는 이 음운 종류를 추상적으로, 가능한 변이체로 간주하고, 구체적 관점이 아니라 조음 차이를 표시하려고 한다. 왜냐하면 이 경우, 발화연쇄에

서 나타나는 시간 속성을 이 차이에서 인지하기 때문이다. 이 음성요소를 분류하기 전에 다음을 고려해야 한다.

    I. 음성기관의 각 부분
    II. 발음기관의 가능한 작용
    III. 음성 산출자로서 〈이 음성기관의〉 역할

I. 음성기관
도식적인 그림으로 살펴보자.

    a = 비강
    b = 구강
    c = 성문(후두의 성대)

구강에서는 뒷부분(연하고 잘 움직이는 부분 : 연구개)과 앞부분(뼈가 있고 움직이지 않는 부분 : 경구개)을 잘 구별해야 한다. 또 인두벽, 혀, 입술도 있다.

    구강의 앞쪽은 입술로 열거나 닫을 수도 있다. 비강을 통하는 공기 통로는 〈목젖〉(연구개 후방)으로 닫을 수 있다. 마찬가지로 성문을 닫거나 공기통로를 자유롭게 열 수 있다.

## II. 발음기관의 가능한 작용

비강은 움직여도 변화가 전혀 없다. 폐쇄된 문이냐 개방된 문이냐, 예 아니면 아니오다. 마찬가지로 성문도 개방 아니면 폐쇄이다. 성문이 개 방되면 아무 소리도 나지 않거나 소리가 거의 나지 않는다.

이와 반대로 구강은 여러 부위가 아주 다양하게 작용한다. 구강 통 로의 길이를 늘릴 수도 있고(입술을 가지고), 뺨을 부풀릴 수도 있고(또 는 그렇지 않게도 할 수 있고), 구강 가운데서 혀를 매우 다양하게 움직 여 변화시키면서 구강을 좁히거나 폐쇄할 수 있다.

## III. 음성 산출자로서 조음기관의 역할

폐에서 올라온 공기는 우선 성문을 통과한다. 여기서 성대를 의지적으 로 접근시켜 가능한 음성을 산출한다. 그러나 후두의 작용으로는 음성 이 다양하게 변하지 않는다. 후두에서 직접 올라오는 음성을 들으면, 언 제나 (질적으로!) 거의 똑같은 음성으로 들린다. 그래서 후두음은 한결 같다.

비강을 지나면서 성대 진동은 공명강(공명기)을 만나는데, 비강통 로는 음성을 산출하는 곳이 아니다.

구강은 음성 생성과 공명기의 역할을 동시에 한다. 성문이 개방되 면, 음소 발생으로 듣는 소리는 구강에서만 발생한 것이다(우리는 이 음성의 음가를 추상한다. 그래서 그것은 진정한 음성 아니면 단지 소음일 뿐이다). 구강은 이미 산출된 후두음을 단순히 변경시키는 변경 장소로 서 기능한다. 모음을 길게 발음할 수도 있고, 모음을 바꿀 수도 있다.

음성 〈발성작용〉 요인을 요약하면, 다음을 얻을 수 있다.

|  | 호기 | 호기 | |
|---|---|---|---|
| <u>최대</u>(작용요인) | 구강 조음 | 구강 조음 | <u>최소</u> |
| | (생성기와 공명기로서 | | |
| | 구강의 모든 역할) | | |
| | 후두〈의〉 진동 | – | 이 두 요인은 |
| | 비강공명 | – | 일정치 않음 |

(흡기는 몇몇 흑인 언어에서만 음성적 역할을 한다.[32])

　　이 요인들을 열거하는 것은 음소를 분화요소로 나누는 것과 동일한 〈것이〉 아니다. 음소를 분류하려면, 이들이 무엇으로 구성되는가 하는 구성 요소보다는 이들이 서로 어떻게 다른지 차이를 아는 것이 더 중요하다. 따라서 이 음소 분류에서 부정적 요인이 긍정적 요인보다 더욱 중요하다. 예컨대 호기(+)는 분화요소로서는 전혀 역할이 없지만, 비강공명이나 후두의 부재(–)는 공명의 존재(+)만큼이나 똑같이 분화요소로 역할한다.

$$\text{음소} = \frac{\text{음성}}{\text{발성행위}}$$

(두 페이지 앞[51쪽]의 다음 공식과 설명 참조.)

$$\frac{F}{f}$$

31　남아프리카의 코이산어 같은 언어에는 흡기를 이용해서 발음하는 자음들이 있다.

발성행위를 결정하면, 음소를 결정한 셈이다. 마찬가지로 모든 발성행위를 결정하면, 모든 종류의 음소를 결정하는 셈이다. 그런데 앞의 표를 참조하면, 발성행위는 세 가지의 최후 요소로 완전히 명세화된다(호기는 모든 곳에서 동일하다). 따라서 각 발성행위에 대해

1. 구강조음

2. 유성음

3. 비강공명

이 어떤 것인지 확정해야 한다. 그러면 다음과 같은 표가 된다.

| I | II | III | IV | |
|---|----|-----|----|---|
| α | α | α | α | 가능한 |
| ~~ | ~~ | [] | [] | 발성행위 |
| ... | [] | [] | ... | 변경표 |

이 네 경우 가운데 IV는 실제적으로 중요하지 않다. 거의 실현되지 않기 때문이다.

　　이 세 요소 중 어느 하나가 없으면 불완전하다. 세 요소가 모두 있으면, 모든 종류의 발성행위와 음소가 가능하다. 2와 3은 단지 유무의 문제지만, 1은 가능한 여러 변이체 α, β, γ, δ가 있다. 1의 변이체를 결정하는 일이 남는데, 이 각 변이체가 2, 3의 협조 유무에 따라 변경하는 것을 알 수 있다.

구강조음은 구개<sup>입천장</sup>에 혀가 작용하거나 입술이 접근하여 이루어지므로 언제나 폐쇄의 단계가 생긴다. 최대 폐쇄에서 최소 폐쇄로 나아가면,

A) 제1단계의 폐쇄 : 최대 폐쇄

폐쇄음(구강의 순간적 완전 폐쇄, 밀폐로 생기는 모든 종류의 자음. 이 자음이 폐쇄 순간에 발생하는지 개방 순간에 발생하는지는 조사하지 않는다. 실제로 음성은 이 두 순간에 걸쳐 일어난다!)

조음만이 음소를 구성하는 것이 아니라는 것과 (음소의) 형식을 갖추려면 다른 두 요소도 고려해야 한다는 것을 재차 강조하자. 하지만 (구강의 폐쇄도는 동일하기 때문에) 조음부류의 경계는 조음 차이로만 획정된다. 폐쇄음에는 다음 세 가지가 있다.

조음

1. m, b, p     α
2. n, d, t     α′
3. n, g, k     α″

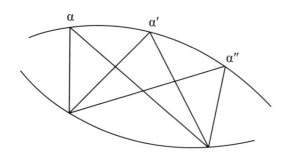

(이 도식은 각 조음부류에 대응하는 조음위치, 즉 구개에 대한 혀의 접촉점을 나타낸다.) 따라서 동일 부류에 속하는 음소들은 조음에 의해서는 〈서로〉 구별되지 않지만, 수반하는 병존 요소(성대 진동, 비강공명)에 의해 구별된다. 병존 요소의 부재나 〈존재〉는 음소 분화의 요소이지 〈음성 발성의 요소는 아니다〉.

| 음소 | m | b | p | n | d | t | ṅ* | g | k |
|---|---|---|---|---|---|---|---|---|---|
| 조음 | α | α | α | α′ | α′ | α′ | α″ | α″ | α″ |
| 유성음 | ~~ | ~~ | [] | ~~ | ~~ | [] | ~~ | ~~ | [] |
| 비강공명 | ... | [] | [] | ... | [] | [] | ... | [] | [] |

*ṅ은 독일어 singen<sup>노래하다</sup>에서의 n

비고: 1. 이 표에서 보듯 <u>유성자음</u>은 모두 성대(~~)가 발성에 참여한다.

2. 단지 m, n, ṅ만이 〈적극적〉 요소〈들〉의 〈하나로서〉 비강공명이 있다. 여기에서 약칭으로 '비강음'<sub>nasale</sub>이란 명칭이 유래한다. 〈원래의 제대로 된 명칭은〉 비강폐쇄음이다.

3. 잘 알듯이, m = b + 비강공명, b = p + 유성음이다. amba를 발음하면, m 에서 b로 이전할 때 비강의 판<sup>연구개 끝부분</sup>이 닫힌다. b : d〈조음 차이〉, m : b〈여러 조음 효과의 조합〉의 차이에도 유의하라.

4. 비강 및 성대 효과를 조음과 비교해 보면, 전자는 통일되고 단속적<sup>斷續的</sup>인 것을 알 수 있다. 반면 후자는 다면적이고 일정한 것을 알 수 있다. 〈조음이란 오직 구강에서 생겨나는 모든 음성효과이다. 이 용어는 모호하지 않다. 무성은 적극 요소로 간주될 수 없다.〉

5. 이론적으로 볼 때, 각 조음부류에 대해 제4의 음소가 가능하다.

| α | α′ | α″ |
|---|---|---|
| [] | [] | [] |
| ... | ... | ... |

첫 부류에는 무성 m이 있다(오늘날의 스칸디나비아어에서 무성음 뒤에

서 발음된다. 프랑스어에서도 역시 발견된다). 그러나 현재 어떤 언어에 서도 적용되지 않는 희귀한 종류의 음소이다.

B) 제2단계 : 구강의 반폐쇄. 〈공기는 계속 빠져나온다.〉 마찰음 fricative 이다. 이 명칭은 폐쇄도와는 아무 관계 없다. 또 다른 명칭인 '갈이소리' spirante 는 아주 일반적이다. 이 음소가 발생될 때 긁는 인상을 주기 때문에 갈이소리로 불린다. 관찰이 훨씬 더 쉬운 입술조음을 보면, f는 p에 상응한다고 할 수 있다(몇몇 언어에서는 그렇지만, 프랑스어에서는 그렇지가 않다. 프랑스어 f는 윗니와 아랫입술을 접근시켜 발생된다). f는 단지 입술의 폐쇄도의 차이로 p와 달라진다.

　　가장 중요한 마찰음은 다섯 부류로 요약된다.

| 음소 | f | v | s | z | θ | đ | χ | γ | χ′ | γ′ |
|---|---|---|---|---|---|---|---|---|---|---|
| 조음 | β | β | β′ | β′ | β″ | β″ | β‴ | β‴ | β⁗ | β⁗ |
| 유성음 | [] | ～ | [] | ～ | [] | ～ | [] | ～ | [] | ～ |
| 비강 조음 | [] | [] | [] | [] | [] | [] | [] | [] | [] | [] |

χ = 스위스계 독일어 ch

γ = 독일 북부의 연구개음 : die Tage 날들

χ′ = 독일어 ich 나

γ′ = Jahr 년 의 j, 프랑스어 yeux 눈 의 y와 다르다

비고 : 1. 앞의 비고 1〈그리고 3과 4도〉 참조

2. 폐쇄음의 m에 대응하는 것 마찰음 이 있는가? 즉,

$$\frac{m}{\alpha}$$

$$\sim\sim$$

$$\ldots$$

이 있는가? 이는 무척 쉽게 상상되지만(inventer에서 비강 v 참조), m은 마찰음 계열에서 언어적으로 중요한 등가의 마찰음이 없다.

C) 제3단계 : 마찰음보다 더 열린 개방. <u>유음</u>. 혀가 구개 앞부분<sup>경구개</sup>을 누르지만, 좌우로 개방한다.

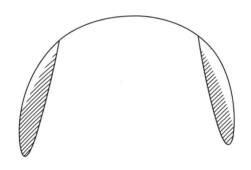

거의 모든 언어에서, 언어요소로서 l은 사실상 =

$$\frac{l}{\lambda}$$

$$\sim\sim$$

$$[\,]$$

완전한 음소로서 l은 오직 유성자음(b, z)과 비교된다. 하지만 이 l은 다
음 가능성을 환기시킨다.

$$\frac{l}{\lambda} \; ( = \text{p와 s})$$

$$\sim\sim$$

$$[\;]$$

이는 프랑스어에도 존재한다. 무성음 뒤의 l은 무성으로 발음된다(pluie
비의 l은 Louis, colline언덕의 l과 다르다).[32] 이 음성 자체의 성질 때문에 무성
l은 우리 귀에 크게 들리지 않는다. 비강l의 가능성 여부는 논할 필요가
없는데, 관심을 끌지 못하기 때문이다.

    r은 혀가 l보다 입천장에 더 가깝게 접근하지만, 진동하기 때문에 l
과 같은 폐쇄도에 속한다. r은 두 가지 방식으로 산출된다.


    전설 r : 혀끝을 치조에 접근해서 발음(굴리는 r)
    후설 r : 혀의 뒷부분으로 발음


l, r의 부류는 고래로부터 유음이란 명칭을 지니지만, 명칭에 신경 쓸 필
요는 없다.

D) 개방의 제4단계 : i u ü

우리는 한 단계를 뛰어넘은 듯이 생각된다. 지금까지 모음이나 자음으
로 지칭하지 않았는데, 자모음의 차이를 결정하기 쉽지 않기 때문이다.

---

32  pluie의 l은 p로 인하여 무성음화되어 무성 l이고, Louis와 colline의 l은 유성 l이다.

사실상 자음과 모음의 조음 메커니즘은 여전히 동일하다.

$$i = \dfrac{\overline{\quad i \quad}}{\quad l \quad} \qquad u = \dfrac{\overline{\quad u \quad}}{\quad \upsilon \quad}$$

$$\sim \qquad\qquad \sim$$

$$[\ ] \qquad\qquad [\ ]$$

구강기관이 생성기가 아니라 공명강의 역할을 하는 개방 단계에 도달했다. 여기서 음성이 구강음인지 공명음인지를 결정하려면, 물리학자가 되어야 한다. 입을 더 크게 벌리면 소리는 작아진다. 입을 더 닫으면 유성음이 된다. 거의 자동적으로 모음은 유성음임이 더 확실해진다. 뒤에 살펴보겠지만, 모음과 자음은 두 가지 다른 의미로 해석된다. 하지만 여기서는 한 의미로만 사용한다. i는 혀가 상당히 폐쇄된 정도를 상정하는데, 자음의 폐쇄도만큼 폐쇄된다(혀와 구개 사이에 작은 손가락을 집어넣으면, 폐쇄도를 확인할 수 있다).

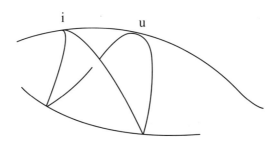

아래와 같은 것이 있을까?

$$\frac{i}{\textstyle\iota}$$

$$\sim$$

$$\ldots$$

이는 비음 i로서 프랑스어에는 없다(in = 비음 e).

마찬가지로 다음과 같은 음성이 있을까?

$$\frac{i}{\textstyle\iota}$$

[]

[]

똑같은 질문이 ü, u와 그 외 모든 모음에도 제기될 수 있다. 이 음소들은 무성자음에 상응할 것이다. 그렇다. 무성모음도 존재하는데, 이들은 <u>성이 없는</u> 모음이다(속삭이는 모음은 아니다!). 즉 대응하는 모음 앞의 〈유기〉 h이다. hi, ha가 그 예다. 예컨대 hu에서 u를 발음하기 전에 먼저 입술을 앞으로 내민다. 먼저 성이 없는 u를 들을 수 있고, 그다음에 유성 u가 들린다.

E) 제5단계의 개방: é ô ö

F) 제6단계의 개방: è o ŏ (개음)

G) 제7단계의 개방: <u>최대</u> 개방 a

é ô ö에 대해 세 비음이 대응하는데, in(ē), on(ō), un(ö̃)이다. 이들은 m과도 형식이 동일하다.

| ẽ | õ | ȭ |
|---|---|---|
| ɛ | o | ö |
| ~ | ~ | ~ |
| ... | ... | ... |

지금까지 우리는 음운 종류를 분류만 했고, 특히 통용되는 용어로 기술하려고 했다. 오직 폐쇄 정도와 관련되는 종류만 논의했다. 이제 조음위치와 관련되는 나머지 음운 종류를 고찰할 것이다. 조음위치에 따라 순음(양순음이 더 나은 용어이다), 더 뒤로는 치음과 순치음이 있다. 입술을 크게 벌리면, 음성형성에 〈(주요한)〉 우세한 위치를 선뜻 결정하지 못한다. 그래서 명칭은 자의적이며, 음성발생에 관여하는 기관의 명칭으로 음성을 〈작위적으로〉 지칭한다(예컨대 치음은 설음으로도 불린다. 하지만 이 명칭은 너무 일반적이다). '후음'gutturale이라는 명칭은 자의적일 뿐만 아니라 틀린 것이다. 기괴한 명칭('cérébrale'!)을 사용하기도 한다. 가장 좋은 방법은 구개를 고려하여 구개를 일고여덟 곳의 위치로 나누는 것이다.

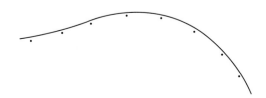

그러면 항상 입안의 어느 지점이 주로 협착되는지 말할 수 있다. '구개'란 용어는 조음위치로서 구개의 뼈가 있는 경구개를 지칭한다면 허용

된다. 〈이들 용어(치음 등)에 너무 얽매여서도 안 되고, 조음위치의 주요 지점을 결정하는 것 이외의 다른 의미를 부여해서도 안 된다.〉

모든 언어의 발화생리학과 관련된 저술들, 특히 영국의 음운론자 벨[34]이나 스위트[35]의 저술을 검토하여 음성 연구를 매우 자세히 설명할 수 있다. 여기서 음성을 분류하는 구별 사항을 모두 찾아야 한다. 그러나 언어학을 연구한다고 해서 엄밀한 의미의 음운론자나 생리학자가 될 필요는 없다. 그건 두 가지 이유 때문이다. 우선 생리음운론은 언어학에 속하지 않기 때문이다〈후술 참조〉. 다음으로 지금까지 연구된 음운론은 언어학의 보조학문이 되기에는 중요한 부분이 여전히 없기 때문이다. 지금까지는 〈특히〉 음성을 분류만 했다. 하지만 이 자세한 분류는 〈언어학에는〉 음소를 발화연쇄로 종합하는 것만큼이나 중요하지 않으며, 〈이 종합적인 연구도 아직도 여전히 미비한 분야이다.〉 음절을 나눌 수 없는 단위로 분석한 뒤에, 음운론자들은 어떤 조건에서 이 단위가 〈발화연쇄〉로 결합하는지를 지적해야 한다.

이 음성들의 종합은 〈앞서 논의한 발화분석〉보다 더 중요하기에 역시 〈대강의 개요〉를 살펴봐야 한다.

## 1. 기본적 관찰

〈폐쇄〉 자음군 'appa'가 있을 때, 첫 p는 폐쇄이며, 둘째 p는 개방임을 관찰할 수 있다. 이 두 청각인상은 아주 유사하여 대부분의 알파벳은

---

33  Alexander M. Bell(1819~1907). 스코틀랜드 출신의 음성학자. 농아를 위한 '시각발화'의 창시자이자 치료사이다. 저서로 『시각발화와 음성생리학 교습서』(*A Popular Manual of Visible Speech and Vocal Physiology*, 1889), 『발화과학』(*The Science of Speech*, 1897)이 있다.

34  Henry Sweet(1845~1912). 영국의 게르만어 문헌학자이자 음성학자. 주요 음성학 저서로 『음성학 핸드북』(*A Handbook of Phonetics*, 1877)이 있다.

이 둘을 동일 자음을 이용해 표기한다. 하지만 나는 appa의 청각인상을 ap>p<a로 표시하고, ap>ta, atp<a로 표시할 것이다. 유음도 똑같이 al>l<a, (al>ta, atl<a)로 표시한다. 이처럼 두 가지 개방과 폐쇄 현상에 **내파**(>)와 **외파**(<)라는 이름을 붙였다. 그래서 내파음 p>, 외파음 p<라고 말한다. 폐쇄 정도는 내파, 외파와 아무 상관이 없다. 하지만 이 현상이 l, r을 넘어서도 관찰되는지는 알아봐야 한다. i, u, ü를 보면, aiya에서 폐쇄음 i, 개방음 i(ai>i<a)를 포착할 수 있다. 일반화해서 말하자면, 두 i의 차이는 내파와 외파의 차이로서, 예외적으로 문자(y)에도 표시된다. auwa(au>u<a)와 ü에 대해서도 문자기호(이는 ẅ로도 쓸 수 있겠다)를 갖지 않는다는 점만 제외하면, 똑같은 지적을 할 수 있다. a만이 내파와 외파가 나타나지 않는데, 그 이유는 이 음소의 조음이 0이기 때문이다.

　따라서 음소표를 두 배로 늘일 수 있다. 〈더 축소할 수 없는 최소단위로 있을 수 있는 것은 다음과 같다.〉

$$p>p< \qquad t>t< \qquad 등$$
$$f>f< \qquad\qquad\qquad 등$$
$$r>r< \qquad l>l<$$
$$i>y< \qquad u>w< \qquad ü>ẅ<$$

(관례상 주어진 기호를 없애지 말고 소중히 보관하고, 또 다른 음소들도 〈기호를 두 가지로〉 가졌으면 한다.)

　이제 비로소 우리는 음성생리학의 추상에서 벗어났다. 여기서 최초로 'p'가 시간상에서 존재하는 구체적 사실로 드러나며, 시간이 수반되면 실제로 이처럼 발화된다.

# |p>|p<|

지금까지 P는 아무것도 아니고, p>, p<의 추상적 단위에 지나지 않았다. 〈지금까지 논의한 것은 음운 종류를 구별하는 것이었다. 이 분류는 타당하지만, 지금까지는 구체적 단위가 없었다. 이제는 발화에 사용된 진정한 시간 분할체를 얻었고, 발화연쇄에서 이들을 결합할 수 있다.〉

적어도 입을 가장 작게 개방한 것에서 입을 가장 크게 개방한 것으로, 〈내림차순으로나〉 또는 〈개방 정도가 같은 단계에서〉 다수의 연속된 외파음 p<l<a, p<l<y<a가 가능하다는 점에 주목해야 한다. 다른 한편, 내파음에도 외파음 연쇄가 결합할 수 있다. al>p>, ai>l>p>처럼 말이다. 잘 알다시피 조건이 역전되어 있다. 내파 연쇄가 가장 큰 개방에서 가장 작은 개방으로(또는 가장 작은 폐쇄에서 가장 큰 폐쇄로) 결합된다.

관찰을 계속하면, 휴지에서 〈첫 내파로〉(i>r>ta) 또는 외파에서 내파로(k<s<i>r>ta) 이전하는 곳에서 음성 i는 효과가 아주 특이한 단위로서 다른 음성과 구별되는 것을 알 수 있다. 이 특이성은 i보다 더 큰 개방 정도에서 유래하는 것이 아니다. 왜냐하면 k<s<r>ta를 발음하면, r은 계속해서 음성인상이 동일하기 때문이다. 음운 종류(폐쇄 정도)가 무엇이든, 위치가 어디든(휴지나 외파 뒤), 이처럼 음성인상이 똑같은 것은 사실상 언제나 첫 내파이다. 이 단위에 향음sonante이란 명칭을 붙였고, 그 외의 다른 모든 단위는 향자음consonante〈이란 명칭〉으로 불렸다. 향음, 향자음을 모음, 자음과 혼동해서는 안 된다. 예컨대 i는 모음이나 자음이 될 수 있지만, 분석하면 모음 i는 언제나 향음 i>이고, 반면 자음 i는 때로는 〈향자음〉i<(y)가 되거나, 때로는 (향음) i>가 된다. 〈모음은 언제나 향음이다. 하지만 이는 우연히 그런 것이다. 모음이 개방 정도가 가장 크다는 것, 이로 인해 모음은 항상 일련의 내파에서 첫 음이 된다. ai>i̯<a, a>i̯>r>ta가 그 예다(이를 aiya로 표시하는데, 자음성의 u, i는 음절이나 어말에 올 수 없다. 『역사문법』, I, p.76 참조[35]).〉

내파에서 외파로 이전할 때, 방금 살펴본 'i̯' 대신에 다음 결과가 생긴다. a>n>/d<r<a< 또는 a>n>d>/r<a<가 그것이다. 〈내파에서 외파로 이전하는〉 경계는 음절경계로서, 다소 급하게 내파에서 외파로 이전하느냐의 여부에 따라 동일 단어도 경우에 따라 음절경계의 위치가 달라진다. 이 원리에 따라 단어 분할은 음절 단위〈를 결정하는 데〉에 확고한 토대를 제공한다. 이 음절이란 단위는 논란이 많았다. 어떤 학자들은 음절의 정의를 한 번의 호기呼氣로 발음되는 것으로 제시했고, 다른 학자들은 음절을 모음의 정의에 기초해서 정의했다. 이 모든 논란은 잘못으로 드러났다. 음절 단위와 향음을 별개로 분리해서 말하지만, 사실상 모든 음절 단위에는 향음이 있다. 시작詩作에서는 이를 장단의 음량 원리로 이용한다. 그래서 두 종류의 장음을 구별할 수 있다. '성질상' 장음 māter어머니, '위치상' 장음 fāctus사실가 그것이다. 왜 factus가 장음으로 측정되는가? a가 연속된 두 자음이 이어져 나오는 자음성 단어이기 때문이다. 〈이것이 충분조건이라면, 두 자음으로 시작하는 모든 단어의 모음은 장음일 것이다.〉 cli̯ens고객의 i는 왜 단음인가? 그 이유는 외파가 너무 빨라서 청각에는 비합리적인불필요한 소재로 느껴져 단지 내파만 감지되기 때문이고, 따라서 내파가 후행하는 모음은 길게 지체하는 인상

---

35 아르센 다르메스테테르(Arsène Darmesteter, 1846~1888)가 쓴 『프랑스어 역사문법 강의』(*Cours de grammaire historique de la langue française*, 1891~1897)를 가리킨다. 다르메스테테르는 프랑스의 언어학자이자 문헌학자로, 주저 『의미 관점에서 본 단어의 생태』(*La Vie des mots étudiée dans leurs significations*, 1887)가 널리 알려져 있다.

을 주기 때문이다. 〈f<a>c>t<u>s>가 그 예다.〉 patrem<sup>아버지를</sup>은 장음도 되
고 단음도 될 수 있다. 이것도 동일한 원리에서 기인한다. 사실 t<r<나
t>r<로 발음할 수 있다〈p<ā>t>r<e>m>, p<a>t<r<e>m>〉. 하지만 tp는 그
렇게 할 수 없는데, 두 음운 종류에서 첫 음소가 둘째 음소보다 더욱 폐
쇄된 경우만 가능하기 때문이다. 〈[연필로] 하지만 -agfa-는 어떤가?
이는 가능하지만, g를 길게 발음해야 한다. 이로 인해 3음절이 된다.
a-g<sup>e</sup>-fa〉. '위치상' 장음은 '귀속적' 장음을 의미한다(φύσει<sup>실재론</sup>와 대립되
는 θέσει<sup>명목론</sup>).³⁶ 〈막스 니더만M. Niedermann, 『라틴어 역사음성학』*Phonétique
historique du latin*, 파리, 1902, p.145 이하 참조.〉

우리는 문자를 통해서, 그리고 문자로 인해서 음운생리학에 이르
렀다. 그렇다면 불확실한 문자에서 벗어나는 수단을 정해야 한다. 음운
생리학이 언어학의 abc이거나, 그 기초나 전체의 일부라는 결론은 아니
다. 이미 지적한 바와 같이, 지금까지 우리는 언어학을 논의한 것이 아
니다. 언어는 기호체계이다. 언어를 만드는 것은 마음이 형성하는 기호
들 사이의 관계이다. 기호의 질료 자체는 무관한 것으로 간주된다. 하
지만 기호에서 유일한 질료인 음성질료를 사용하지 않을 수 없다는 것
은 정녕 사실이다. 그렇지만 언어학은 음성이 변하더라도 음성들의 관
계가 변하지 않고 동일하다면 다루지 않는다. (예컨대 해상신호에서, 깃
발의 색깔이 바랬다고 해서 해상신호의 체계가 바뀌지는 않는다!) 〈음성
이란 필요한 질료에 지나지 않을 뿐이다.〉 따라서 음운생리학은 완전

---

36  언어기호가 이를 지칭하는 사물에 내재한 원리와 필연적 관계가 있다는 것이 실재론이고,
    단지 자의적인 명칭, 관습, 규약에 지나지 않는다는 것이 명목론이다.

히 보조적인 연구이다. 하지만 이 생리학적 연구는 언어학에 두 가지로 이용되는데, 언어학에 어떤 요소를 가져다주기 때문이 아니라 두 가지 관점에서 이 요소를 해명해 주기 때문이다. 발화된 것, 즉 음성상태를 구성하는 음성변이체를 확인하는 것〈(음성상태 확인)〉이 그 일차적 역할이다. 두 번째 역할은 더욱 중요한데, 설명적 역할이다〈(음성변화를 설명한다)〉. 연속된 시간의 흐름에서 일어난 음성변화가 정확히 무엇인지, 이 음성변화가 자연적이고 쉽게 일어나는지를 밝힌다. 예컨대 alda 같은 자음군은 쉽사리 alla<sup>낳다, 기르다, 성장하다</sup>가 되었다(라틴어 saldo<sup>단단한</sup>와 sallo<sup>소금치다</sup> 참고).

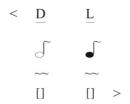

음운생리학은 l과 d의 조음 차이는 혀와 구개의 설측 개방 이외에는 없으며, 이 경우에도 d를 발음하려면 l의 개방을 단지 억제할 뿐이라는 것을 알려준다. 마찬가지로 라틴어 c(k)의 c(ts)로의 대변화〈는 쉽고 자연스러운 설명을 요구한다〉. 왜 cor<sup>심장</sup>는 k이고 civitas<sup>도시</sup>는 ts인가? o가 어떤 점에서 i와 다른 효과를 지니는가? o 앞의 k는 구강의 더 뒤쪽에서 조음되고, i 앞의 k는 구강의 더 앞쪽에서 발음된다. 입 앞쪽의 k는 구개화되고, 그 후 마찰음화된다.[37] 따라서 음운생리학을 통해서 이 현상을

37  c[k]+i > [ts/tʃ] > [s]. civitatem > cité.

있는 그대로 수용하기보다는 이 현상을 보다 합리적으로 설명하는 견해를 갖게 된다.

지금까지 우리는 문자로 인해 생긴 오류, 이를 교정하는 수단으로 인해 생긴 일련의 오류를 살펴보았다. 고찰할 다른 오류도 여전히 남아 있다. 하지만 이 오류를 보완하려면, 우리가 확정하려는 바를 언어학에서 간접적으로 확증한 후에, 직접적으로 확증해야 한다. 문자는 그렇지 못하다. 부족한 기록문헌을 보완하는 음운생리학을 대조시켰기 때문이다. 그리하여 우리는 문자에서 기인하는 오류에만 논의를 국한하고, 오류의 교정과 나머지 사항은 언어학에서 살펴보고자 한다.

## p.22[66쪽]에 대한 [주해]

메이예[38]는 『인도유럽어 비교연구 입문』 *Introduction l'étude comparative des langues indo-européennes*, 초판, 파리, 1903, p.98에서 단어 내의 모든 단자음은 내파와 외파가 있다는 이론을 발표했다(하지만 두 파열은 동시적으로 일어나지 않는다!). 모든 개방은 폐쇄가 선행하는 것이 분명하지만, 우리는 발성행위에서 〈청각에〉 두드러진 것, 차별적인 것, 발화연쇄에서 단위의 경계 확정에 사용되는 것만을 고려한다(b>b< 형식의 음절). 메이예의 지적은 우리가 행한 외파와 내파의 구별과는 아무 관련이 없는 음

---

38  Antoine Meillet(1866~1936). 프랑스 언어학의 아버지로 꼽히는 언어학자. 브레알과 소쉬르의 영향을 많이 받았고, 프랑스 사회언어학파를 창설했다. 위에 언급된 『인도유럽어 비교연구 입문』은 인도유럽언어학의 고전적 입문서이자 전범으로 꼽힌다. 논문집으로 『역사언어학과 일반언어학』(*Linguistique historique et linguistique générale*, 전 2권, 1921/1927)이 있다.

운론적 지적이지만, 의미와 효용성이 전혀 없는 것이다. 이러한 음운론적 세부 사실은 우리에게는 거의 중요하지 않다. 일정한 음성을 100가지 다른 방식으로 발음하는 것이나 각 음성이 발화에 개입하는 중간음을 구별하는 것이나 마찬가지이다. 모든 언어는 자음과 모음을 구별하지만, 애매한 음성은 청각에는 존재하지 않기 때문에, 언어학자에게는 완전한 음성이 되는지의 가능성 여부만 고려 대상이 된다. 청각과 청각자료 덕택이 아니고서는 발화연쇄를 절단할 수 없고, 단위들을 구별할 수 없다는 점을 거듭 강조해야겠다. 어느 지점에 모음이 있는지, 어디서 모음에서 자음으로 전이하는지, 어디에서 한 음절에서 다른 음절로 넘어가는지를 알려주는 것은 이 청각자료이다.

향음과 향자음의 구별은 다른 음성학 저서에서 나오는 유사 용어들과 신중히 구별해야 한다(메이예는 『인도유럽어 비교연구 입문』, pp.76~115에서 모든 음소를 자음, 모음, 향음으로 구분한다). 향음과 유성자음(Sonorlaute)도 혼동해서는 안 된다. 유성자음은 유성음이면서 무성자음(p, t, s 등)과 대립한다.

카를 브루크만[39]과 대부분의 언어학자들은 i̯, u̯, ü̯와 i, u, ü(i̯ = 비성절적 i, i = 성절적 i)를 문자로 구별했고, 왼쪽처럼 쓴 반면

---

39  Karl Brugmann(1849~1919). 독일 라이프치히대학의 문헌학자이자 역사비교언어학자. 소장문법학자. 주저로 『인도게르만어 비교문법 기초』(*Grundriss der vergleichenden Grammatik der indogermanischen Sprachen*, 1886~1893)가 있다.

mirta^도금양                                    mirta

ma̦irta         소쉬르 선생은         mairta    로 썼다.

mi̦arta                                      myarta

브루크만의 표기는 물론 진정한 언어자료인 청각자료에 기초를 두고
있다. 하지만 이 표기법은 개방 u, i와 폐쇄 u, i를 동일시하는 오류를 범
했고, 폐쇄 u, i를 두 가지로 나누는 오류도 범했다.

m<i>rta

m<a>i̦>rta (이 i는 자음성 i가 아니다. 일반적으로 자음성 i는
          어말과 음절 끝에서 나타날 수 없다!)『역사문법』,
          I, p.76.

그 결과 평행관계를 아래처럼 파괴하였다.

$$
\begin{pmatrix} \text{pater>} \\ \text{patr<i} \\ \text{pater<es} \\ \text{patr>} \end{pmatrix}
\begin{pmatrix} \eta\delta\epsilon\upsilon> \\ \eta\delta F<\iota \\ \eta\delta\epsilon F<\epsilon\varsigma \\ \eta\delta\upsilon> \end{pmatrix}
$$

ηδευ로 쓰면

ηδυι

ηδευες

ηδυ̦

### 음절구분

m<i>/n<a>(a가 내파인지 외파인지 말할 수 없다. 조음이 없기 때문이다.
언어학, 노트 I, p. 22[앞^66쪽을 참조]).

α>/η>/μ</ι>(특수한 문제가 제기되기 때문에 모음충돌은 별도로 제외해야 한다. 휴지로 분리되는 두 개의 내파음인가?)

pzta: p\<z\>/t\<a\>　　인가　p\<z\<t\<a\>인가?
　　　두 음절　　　　　　　단음절

사람들에게는 유성음을 내는 능력이 있다. 이 pzta를 세게 들리게 발음하면, 2음절이다. 하지만 약음 페달<sup>원</sup>로 발음하면 z, a의 대립(z는 최소 개방을 요구하는 음소이다)으로 단 하나의 음절만 지각한다.

　lpa는 단 하나의 음절인가? "그걸 그런 식으로 발음하면…… 맞네요"라고 말한다. 이런 식으로 음절 수를 결정하는 것은 어렵다. 이는 의도나 의지의 역할이며 의지에 속하는 문제로서, 어느 정도까지 다른 조음 뒤에 연속조음이 필요한지 아니면 생리적으로 불가능한지를 결정하기가 어렵기 때문이다.

# 언어학

최선의 강의 계획이란 무엇인가를 깊이 숙고할 여지가 충분히 있다. 강의 초반보다는 강의 끝 무렵에 가서 몇 가지 일반적 개념을 설정하는 것이 더 유익할 것이다. 이러한 이유로 우리는 인간언어language의 성질을 먼저 규정하지 않는다. 이는 그 자체로도 별도의 강의 주제가 될 것이기 때문이다. 인간언어란 직접적으로 분류할 수 있는 대상이 아니라는 점을 지적해야 할 것 같다. 〈우리는 〈더 광범위한〉 범주인 유類, genus를〉 발견하지 않고 대상을 규명하려면, 여기에 종차種差를 추가한다. 이 복잡한 주제를 이해하려면, 인간언어에 대한 주요한 세 견해를 비교해보는 것으로 충분하다. 이들 견해는 불충분하지만 자연히 제시된 것들이다.

1. 언어랑그를 뿌리가 없는〈그리고 환경이 없는〉 것으로, 〈생명을 지니고〉 스스로 성장하는 종으로 보는 견해. 그것은 추상상태에서 취한 언어Langue이며, 이 언어로써 구체적 존재개별언어를 만든다. 그런데 언어랑그는 구체적 존재 내에서만, 집단 가운데서만 존재한다. 여기에서 다른 두 견해가 생겨난다.

2. 언어랑그를 특히 개인에게서 고찰하는 것. 〈언어에서 (예컨대 음식을 먹는 것과 같은) 자연적 기능을 볼 수 있다. 우리에게는〉 각별히 발화와 자연적 외침에 사용되는 음성기관이 있는 까닭이다. 〈사회라는 형태가 갖춰진 후에야〉 작용하는 이 자연적 기능이란 무엇인가?

〈[3.] 세 번째 견해는 인간언어를 사회적·집단적 측면에서 포착하는 것.〉 이는 인간언어(〈개인에게 있는〉 언어)라기보다는 언어랑그이며, 〈사회제도〉이다. 이는 다른 견해보다 더 진리에 근접하지만, 이에 비견할 만한 다른 사회제도도 예로 들 수 있다. 언어<sup>랑그</sup>는 기능상으로 〈유일무이한 것처럼〉 제도상으로도 유일무이하기 때문이다. 〈따라서 우리는 인간언어를 인간사 내에 위치시킬 수 없다.〉

이처럼 인간언어를 확인하는 작업을 했으므로 이제 언어학을 논의해 보자. 언어학 연구에는 두 개의 문이 언어를 향해 열려 있다. 1. 〈(정태적 측면)〉 각자가 현재 상태에 처해 있는 언어의 측면으로서, 각자는 이를 직접적인 감각<sup>의식</sup>을 가지고 통제한다. 이것은 모두 언어상태를 구성한다. 우리는 발화를 하며, 따라서 우리가 발화하는 모든 것을 판단한다. 〈우리는 문법적 문제를 판단할 수 있다.〉 예컨대 avoir chanté<sup>노래했다</sup>에서 avoir<sup>가지다</sup>가 단독으로 어떤 개념을 환기시키는지 여부를 판단한다. 또한 어느 정도까지 리에종<sub>liaison</sub>을 시킬 수 있는지도 판단한다. 2. 언어본능이 아무 소용이 없고, 많은 사람이 그 존재를 의심조차 하지 않는 측면도 있다. 곧 언어의 모든 역사적 측면이다. 과거에 속한 것은 모두 직접적인 언어감각<sup>의식</sup>을 〈반드시〉 빠져나가며, 역사적 측면은 학습해야 한다. 우리는 언어사 〈연쇄〉의 한 고리를 구성한다. 우리는 이 연결고리 하나를 보는 것이지 연쇄 전체를 보는 것은 아니다.

정확히 말해서 이런 이유로 언어 연구를 역사적 관점에서 시작하는 것이 유용하다. 그것은 역사적 연구가 〈이것과 일종의 대척점에 있는 정태적 연구〉보다 더 중요해서가 아니라 〈첫눈에는 잘 드러나지 않기 때문이다.〉 그래서 우리의 언어<sup>랑그</sup> 개념을 보완하는 것이 필요한 듯이 보인다.

역사는 진화이다. 여기서 우리가 말하는 진화의 의미는 시간상의 진행 과정으로서, 앞으로 전진하거나 뒤로 후퇴하는 〈진행〉이며, 발전의 개념인지 아닌지를 〈아는 것은〉 관심사가 아니다.

# 제1부 언어진화

## 제1장 음성진화

우리는 음성학이란 용어를 시간상에서 일어나는 음성변화를 가리키는 것으로 〈의도적으로〉 국한하며, 음운생리학은 음성학에서 제외하기로 한다. 언어학에서도 언어상태를 다룰 때는 이 용어를 사용하지 않는다(그래서 문자체계를 논의할 때도 이것이 음운론적이지 음성학적인 것은 아니라고 말했다).

우리는 언어진화 연구를 음성진화에서 시작할 것인데, 중요성과 규칙성으로 미루어 볼 때, 음성진화는 아주 중요한 대표적 언어진화이자 인간언어 일반의 진화를 예시하는 최선의 본보기이기 때문이다.

음성변화는 우리가 의식하지 못하는 언어현상 가운데 한 가지이지, 자연적으로 주어진 현상은 아니다. 이를 알려고 하면, 언어의 과거 연구, 기록된 문헌을 통한 연구가 필요하다.

이 음성변화는 꽤 중요하고, 그 수가 다소 많지만, 모두 일정한 규칙성을 가지고 일어나는 것이 특성이다. 즉 동일한 조건에 있는 음성요소는 모든 단어에서 동일한 방식으로 변화한다. 이 음성변화의 항정성은 음성법칙의 결과이며, 음성변화는 이 음성법칙을 따른다. 그러나 이 음성변화에서 우리는 개별 음성요소를 상대하는 것이지 단어를 다루는 것은 아니다. 모든 단어의 한 음성요소가 음성변화의 영향을 받는다. 한 음성요소는 한 가지 법칙에만 지배받을 수 없다. 따라서 음성법칙이라고 말하는 것은 비상식적이지만, 별다른 용어가 없다.

제1장은 네 개의 절로 나뉜다.

1. 음성법칙을 인지하는 수단과 이와 관련된 방법적 문제
2. 음성변화 자체(일반적 변화와 특수한 변화)
3. 음성변화의 원인
4. 음성변화의 효과

## §1
## 음성법칙을 인지하는 수단과 이와 관련된 방법적 문제

이 절은 언어학의 역사적 방법 전체를 검토하는 방편으로 사용된다. 이것이 현재 다루는 주제에서 벗어나지 않는 것은 음성진화는 인간언어 일반의 진화를 다루는 장에 속하기 때문이다. 다음 학기에는 언어진화를 전반적으로 다루지 않을 것이다. 여기서는 보다 구체적으로 음성변화와 관련되는 것만 국한해서 다룰 것이다.

처음에는 음성현상을 당연히 논의해야만 하는 방식으로 연구하지 않았다. 한 언어의 여러 단어를 비교한 것이 아니라 인도게르만어<sup>인도유럽어</sup>의 단어들을 비교했기에 이를 직접 즉각 처리하지 못했다. 이러한 방식으로는 한 언어의 음성변화는 인지하지 못했고, 단지 언어들 사이의 대응만을 인지했던 것이다. 그리하여

$$θύρα\,^{문}\qquad θημένη\,^{여자}\qquad θύμος\,^{연기}$$

그리고

$$fores\,^{문}\qquad femina\,^{여자}\qquad fumus\,^{연기}$$

같은 등가 단어들이 있을 때, 첫 번째 결과는 θ = f와 f = θ라는 등식을 설정한 것이었다. 이 등식의 특성은 시간상의 축을 따르지 않는다는 것, 즉 추상이라는 것이다. 따라서 그 등식이 무슨 효용이 있는지도 몰랐고, 아무 용도도 없었다. 다음을 비교해 보면, 이를 금방 알아챌 수 있다.

$$\text{fero} \qquad \text{fui}$$
$$φέρω\,^{\text{나르다}} \qquad φῦναι\,^{\text{이었다}}$$

여기에서 f = φ, φ = f라는 등식이 나오지만, 이미 앞에서 얻은 등식 θ = f와 f = θ도 있다. 그런데 상호관계(θ = ph)를 설정할 수 없다. 이 대응을 명료하게 만들려면, 이 대응을 시간상에 일어난 변화의 결과로 간주하고, 성질이 다른 요소들은 변화로 고려하지 않으면 된다. 즉 등식 a = b, a = c를 다음 공식으로 변형하는 것이다.

$$
\begin{array}{c|c}
a & a \\
\downarrow & \downarrow \\
b & c
\end{array}
$$

독일인이 음성추이Lautverschiebung로 부르는 음성변화의 광범위한 영역에서, 동일한 단어들은 라틴어와 게르만어에서 다음처럼 변했다.

$$\underline{\text{edo}}\,^{\text{나가게 하다}} \qquad \underline{\text{sedeo}}\,^{\text{앉다}} \qquad \underline{\text{duo}}\,^{\text{둘}}$$
$$\underline{\text{itan}} \qquad\quad \underline{\text{sitan}} \qquad\quad \underline{\text{twan}}$$

우선 등식 d = t, t = d를 설정하지만, 한 언어의 이전 시기에 속하는 사항과 후대 사항의 등식만을 비교하는 정확한 공식은 다음과 같다.

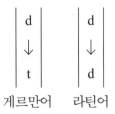

따라서 우리는 역사적 방법을 강제로 따르는 것이 아니라 따를 수밖에 없다. 재차 반복하지만, 오늘날의 형태로 아는 과거의 언어는 우리에게 포착되지 않는다는 중요한 사실 때문에 그럴 수밖에 없다. 음성변화를 확인하려면 사실상 기록문헌에 의존해야 하며, 역사적 방법은 여기에서 필수적이다. 우리가 살펴본 바대로 한 언어와 다른 언어를 비교하여 대응을 설정하는 것이 문제라면, 〈그 방법은〉 전혀 달라진다.

그러나 문헌을 직접 가진 언어영역의 수는 극히 소수이다. 우리는 언제나 두 시기를 상대한다. 하나는 역사시기 또는 문헌시기이고, 다른 시기는 역사시기에 선행하는 선사시기로서, 역사시기가 제공하지 못하는 공백을 보충한다. 후자의 선사시기는 언어학의 가장 중요한 분야에 속한다. 여기에서 두 가지 방법이 반드시 요청된다. 역사시기는 기록문헌을 이용하는 문헌학적 시기로서, 그 보조 분야로는 음운생리학이 있다. 선사시기에 존재했을 것으로 추정되는 언어는 비교를 통해 간접적으로 재구된다. 모든 비교는 재구이며, 재구성이다. 모든 비교를 시간상의 변화로 환원시킨다면 모든 언어진화를 판단할 수 있게 될 것이다. 우리는 실수를 저지르기 때문에 재구의 필요성을 잘 안다. 내가

$$\underline{t}ettores \longrightarrow \underline{p}ettores^{화가들}$$

$$\underline{t}eiso \longrightarrow \underline{p}eiso^{설득하다}$$

같은 것을 발견하고, 동일 요소가 p나 t로 바뀐다는 것을 인정하면, 다른
곳에서 확인되는 규칙성이 여기서는 모순이 된다. 다른 곳에서 발견되
는 이 규칙성이 음성현상의 범위를 제약하기 때문이다. 시간상의 동일
성만이 아니라 지리적 경계도 확인해야 한다.

## § 2
## 음성변화 자체

어떤 방법이든 음성변화를 통해 확인하는 사실은 다음과 같다.

a

↓

b

즉 시간상에서 한 요소가 다른 요소로 전이되는 현상과, 변화가 일어나
는 일정한 사회환경(공동체)을 확인할 수 있다. <u>조건이 같다면, 음성변
화가 규칙성을 지닌다는 점을 인정해야 한다.</u> 이 음성변화의 정확한 조
건의 문제는 결코 망각하면 안 된다. 일련의 (극히 소수의) 사례에서 이
변화의 조건은 별로 중요하지 않지만, 다른 일련의 사례에서는 음성변
화를 확정하려면 이 변화 조건을 반드시 고려해야 한다.

　비교적 근대의 독일어에서 임의로 예를 들면, 이들이 이차적 조건
을 요구하는지의 여부에 상관없이(이 음성현상은 프랑스어에서처럼 문

자로 드러나지 않는다), 과거에 î였던 음성이 모두 오늘날 ei로 변화했음을 알 수 있다.

| wîn | trîben | lîhen | zît | î |
|------|--------|--------|------|----|
| wein포도주 | treiben몰다 | leihen주다 | zeit시간 | ei |

마찬가지로 û도 같은 시기에는 전체적으로 au로 변했다.

| hûs | zû | rûch | û |
|------|------|--------|----|
| haus집 | zaun울타리 | rauch연기 | au |

또한 iu를 보더라도 그것이 eu가 되었음을 관찰할 수 있다.

이중모음: ie는 규칙적으로 ī가 되었다(이 변화는 문자에서는 볼 수 없지만).

biegen구부리다  lieb사랑하는  tier동물

uo ⟶ uː muot

mut용기

자음: 모든 종류의 옛 z는 s로 변했다.

wazer

↓

wasser<sup>물</sup>

어중의 옛 h는 모음 사이에서 모두 상실되었다.

h : lîhen, sehen

↓

0

또한 영어 w로 발음하던 음성이 모두 v로 유지되고 있음이 확인된다.

고대 프랑스어에서

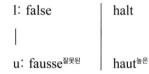

| l: false | halt |
|----------|------|
| u: fausse<sup>잘못된</sup> | haut<sup>높은</sup> |

라틴어에서 모음 사이의 s는 그 후 r로 변했다.

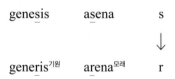

genesis    asena    s

↓

generis<sup>기원</sup>    arena<sup>모래</sup>    r

이들 변화에는 사실상 중간단계가 있지만, 규칙적인 조건에서 a가 b가

되었다는 점을 충분히 확인할 수 있다. 이 모든 사례에서 도출되는 것은 다음 사실을 확인한 것이다. 즉 모든 음성변화는 <u>규칙적</u> 변화와 관련된다는 점이다. 가장 일반적인 경우는, 이 음성변화가 일정한 조건에서만 일어난다는 사실이다. 이는 벌써 선험적으로 명확하다. 예컨대 s가 r로 변했지만, 그것은 단지 모음 사이에서만 변화한다. maestus<sup>음시 괴로</sup><sup>운</sup>, posco<sup>요구하다</sup>, senex<sup>늙은</sup>에서는 이 변화가 가능하리라고 생각하지 못한다. 요컨대 어떤 요소가 모든 조건에서 동일한 방식으로 변한다는 것은 극히 희귀하다. 이 절대적 변화는 모음에서 아주 빈번히 일어나며, 악센트가 여전히 절대적 변화에 큰 역할을 한다. 예컨대 강세가 없는 i는 결코 ei로 변하지 않는다. 원시 게르만어 음성추이[40]에서 몇몇 예를 발견할수 있다.


| collum<sup>목</sup> | k |
| hals<sup>목</sup> | h |

sk 위치를 제외하고 모든 곳에서 일어난다.

---

40 원시 인도유럽어에서 원시 게르만어로 넘어오면서 일어난 규칙적 자음변화. 제1차 자음추이를 그림의 법칙이라고도 한다. 원시 인도유럽어 *kw는 원시 게르만어에서 h(x)로 변하고, 나머지 어군에서는 k로 잔존한다. 예컨대 원시 인도유럽어 kʷolso-(목)는 원시 게르만어 *halsaz, 고대 영어 halse, 고대 북구어 hals가 된 반면, 라틴어에서는 collum이 되었다. 또 *ḱwón(개)는 독일어 Hund, 고트어 hunds, 영어 hound, 네덜란드어 hond가 된 반면, 게르만어군에 속하지 않는 언어의 경우 라틴어 canis, 그리스어 κύων가 되었다.

## 음성변화의 분류

음성변화를 절대적 변화와 조건적 변화로 나누는 것은 아주 피상적이다, 왜냐하면 그러한 분류가 이들 변화의 원인이 절대로 될 수 없기 때문이다. 좀 더 심층적인 분류는 독일인들이 도입한 분류이다. 즉

자발적(spontane) 변화와

결합적(kombinatorische) 변화

우리는 오히려 내적 원인에 의한 변화와 외적 원인에 의한 변화라고 말하고 싶다. 여기서는 가장 직접적 원인(결정적 조건은 아니지만 단지 조건적 원인)이 문제 되는데, 왜냐하면 수천 년간 존속하던 음성이 왜 갑자기 변화했는지를 안다는 것은 신비하기 때문이다.

  사례를 보면,

1. 결합적 원인

kt (facto)     pt (captivo)

|                   |

tt (fatto<sup>사실</sup>)    tt (cattivo<sup>사로잡힌</sup>)

(이는 동화이다. 조음이 서로 비슷해진다. 이 음성변화는 다른 요소가 인접해서 일어난다(여기서는 t). 따라서 외적 원인이다.)

  잘 알려진 움라우트 현상에서

$$a \quad (\text{gasti} \qquad \text{farit} \qquad \text{adili})$$

$$\downarrow$$

$$e \quad (\text{gesti} \qquad \text{ferit} \qquad \text{edili})$$

$$(\text{Gast}^{손님}) \quad (\text{Fahrt}^{여행}) \quad (\text{Adel}^{귀족})$$

(후행 음절의 i 앞의 a가 e로 변했다. 외적 작용, 주위 환경의 작용이다. i의 조음은 a보다 e에 더 가깝다.)

2. 자발적 원인. 독일어의 대변화인 음성추이에서 취한 몇몇 사례

$$k \quad (\text{kartus}) \qquad (\text{kaput})$$

$$\mid$$

$$h \quad (\text{hardus}^{강한}) \quad (\text{haubiβ}^{머리})$$

(이 변화는 환경, 주위환경에 전혀 의존하지 않으므로 자발적이다.)

$$i \quad (\text{piscis}) \qquad ð \quad (\sigma\kappa\acute{o}\tau o\varsigma)$$

$$\mid \qquad\qquad \mid$$

$$i \quad (\text{fisks}^{물고기}) \quad a \quad (\text{skadus}^{어둠})$$

(이 음성변화는 조건적이지만 자발적이다. 변화 현상이 적극적이라는 점에서 자발적이다(o가 a로 변화한 것은 sc, t에 의존한 것이 아니다). 그것은 또한 부정적으로 간주된 결합변화인데(σκότος에서 sk가 ð에 선행하지 않고 후행했더라면 ð는 ā(skadus)가 되지 않았을 것이다⟨piscis 참조⟩). 이 분류 (자발적, 결합적)에서는 음성변화의 결과가 아니라 변화의 원인이 문제

시된다는 점에 유의하자.)

자발적 변화든 결합적 변화든 이들 변화가 갖는 공식은 매우 중요하다. 그것이 동일한 목적에 사용되더라도, 머리에 먼저 떠오르는 생각에 만족해서는 안 된다. 이런 부주의로 인해 음성변화의 법칙과 성질을 쉽사리 오해하기 때문이다. 그러한 오류가 생겨나는 것은

1) 표현의 부정확성 때문이다.

예컨대 다음 사례

salter

sauter <sup>뛰어오르다</sup>

에 대한 음성변화 공식은 'l은 자음이 뒤따르면 u로 변한다'일 것이다 (saler <sup>소금 치다</sup>는 그대로 saler로 남아 있다). 이 공식에 뒤이어서 변화의 분류가 오도된다. 이것을 결합적 변화로 생각하는데 잘못이다. '자음 앞의 모든 l은 l> <sup>내파음</sup>이고, 모음 앞의 l은 l< <sup>외파음</sup>이기 때문에 진정한 변화 공식은 'l이 u가 되었다'이다. 이것은 자발적 변화이다. 그러한 부정확한 사실이 현재 관용으로 용인되지만, 언어학에서는 그렇지 않다. salter에서 l은 l>인데, 그것이 자음 앞에 위치하고, 결과적으로 옳은 음성변화 표현이라고 주장해도 쓸데없다. 사실상 중요한 것은 l이 l>인지 l<인지가 아니고, 자발적 변화를 다루느냐 결합적 변화를 다루느냐에 따라 그러한 관점에서 볼 때 변화 공식이 틀렸다는 것이다. 더욱이 l이 자음 앞에서만 l>이 아니라는 점에 유의해야 한다. 예컨대 chevala에서 l은 내파음인데, 여기서 복수 chevau가 생겨났다.[41]

[2)] 음성변화를 틀리게 생각하는 또 다른 사례는 음성변화의 간접적

결과를 직접적 결과로 간주하는 것이다. 이는 순전히 주의가 산만해서 일어나는 것이며, 변화의 공식을 세밀하게 확인하지 않은 결과이다. 예컨대

$$s \; (genesis)$$
$$\downarrow$$
$$r \; (generis^{기원})$$

를 설명하기 위해 사용하는 공식은 '라틴어 모음 사이 s의 로타시즘 rotacisation[42]'이 아닐 수 있다. s가 단숨에 r로 변할 수는 없기 때문이다(s는 무성이지만 r은 유성이다). 사실상 이 음성변화는 두 단계에 걸쳐 일어났다.

$$1. \; s$$
$$\downarrow$$
$$z \qquad 2. \; z$$
$$\downarrow$$
$$r$$

이 오류는 아주 심각한데, 무관한 두 현상을 한 현상으로 혼동하기 때문이다. 한편으로 이 공식은 음성변화 현상을 단지 결과만 보고 표현했고, 또 간접적 결과를 직접적 결과로 착각한 것이다.

---

41  내파음 l이 복수 -s 앞에서 모음화되어 chevau(x)가 되었다.
42  라틴어에서 모음 사이의 s가 r로 변하는 현상.

[3)] 또한 일어난 음성변화의 성질을 이해하지 못한 잘못을 부정확하게 작성한 음성변화 공식의 탓으로도 돌린다. 소위 베르너의 법칙[43]으로 불리는 법칙이 그것이다. "게르만어에서 음성 β(θ)는 유성 ð로 규칙적으로 변했다. 단, 악센트가 ð 뒤에 오고, ð가 어두가 아닐 때."

|  | 우리는 고난을 받았다 |  |  | 나는 고통스럽다 |
|---|---|---|---|---|
| faþér | liþúme | þrís | bróþer | líþo |
| faðer | liðume | þrís | bróþer | líþo |
| (Vater아버지) | (gelitten고생하는) | (drei숫자3) | (Bruder형제) | (leiden고통받다) |

따라서 악센트는 음성변화의 적극적 역할을 하고, 어두가 β인 경우에는 제약 조건이 있을 것이다. 그런데 실제로 이 원리는 완전히 다르다. 라틴어에서 이와 완전히 동일한 현상을 비교해 보면, β가 어중에 있으면 자동적으로 유성음화하는 경향이 있고, β 앞에 악센트가 있어서 유성음화를 방해받지 않으면 ð가 된다는 것을 알게 된다. 따라서 모든 사실이 전도된다. 이 음성변화 현상은 자체적으로 일어나며, 악센트는 단지 이 음성변화의 방해물에 지나지 않는다. 음성법칙이 정확하려면 결과적으로 이 법칙은 완전히 달라져야 한다. 즉 '어중의 모든 β는 그 앞에 놓인 악센트가 방해하지 않으면 ð가 된다'여야 한다.

[4)] 오류의 또 다른 원인은 음성법칙, 음성변화를 현재시제로 표현하는 데서 기인한다. 이는 우리가 무의식적으로 따르는 저항할 수 없는

---

43 덴마크의 언어학자 카를 베르너(Karl Verner)가 발견한 음성법칙으로서 원시 게르만어에서 무성 마찰음 *f, *þ, *s, *h, *hʷ가 비강세 음절 뒤에서 유성 마찰음 *β, *ð, *z, *ɣ, *ɣʷ으로 변하는 현상.

유혹이다. 여기에 지나치게 과도한 원리상의 문제가 있다. 이처럼 표현하면, 음성법칙을 말할 때와 같이 혼동이 생겨난다. 음성법칙은 단번에 존재하며, 시간 조건에 따르지 않는다. 마찬가지로 현재시제로 말하면, 어떤 원리나, 시간과 무관한 요인 덕택에, 요컨대 코드 덕택에 여러 현상이 존재하는 것으로 상정하기 때문이다. 이처럼 잘못된 견해는 실제로 위험하다. 음성현상은 시간상에서 조건화되기 때문에 그 결과 혼란이 발생한다. 마치 역사에서 사후에 일어난 사건을 사전에 일어난 사건처럼 선후를 바꾸듯이 말이다. 연대적 시기에 의존하지 않고, fater와 bruḏer(원래는 faþér와 bróþer에서 유래)의 차이를 설명한다면 아무 이득이 없다.

|  |  |
|:--:|:--:|
| þ | þ |
| ð | þ |
| d | d |
| t | d |
| ·········· | ·········· |
| fater | bruder |

이 경우, 실제로 음성변화는 매우 간단하지만, 이 변화 전후에 몇 년간만 크게 오류를 범할 위험이 있는 사례들도 있다.

단번에 확정된 처방처럼 시간상에 일어난 사건인 음성변화를 현재시제로 말하면, 이처럼 잘못 표현된 음성법칙에 예외가 되는 일련의 사례를 모두 제외할 위험 역시 매우 크다. 예컨대 라틴어에서 로타시즘을 라틴어의 성질 자체에 속하는 것으로 생각하면, causa<sup>일</sup>, rīsus<sup>웃음</sup>, positus<sup>위치</sup>는 설명할 수 없다. 그러나 '라틴어에서 모음 사이 s는 r이 된다'라고 표현하지 않고, '라틴어에서 모음 사이 s는 r이 되었다'라고 표현하면, 이는 곧 일정 시기(기원전 4세기)를 지적하는 것이다. 이 시기에

causa    rīsus    positus

는

caussa  rīssus      po-situs
---------------------------------  ---------------------------------
(모음 사이 s가 아니다!)    (단일어에서
                              모음 사이 s가 아니다!)

였다. 그러면 모든 사실들이 설명된다.

마찬가지로 '이오니아 그리스어에서 모든 ā는 η가 된다'라는 〈공식〉을 보면,

μᾱτηρ<sup>어머니</sup> : μήτηρ      λυπᾱ<sup>슬픔</sup> : λύπη

이것으로는 πᾶσα<sup>어느때</sup>, πᾶσι<sup>모든 이에게</sup>, λελύκᾱσι<sup>풀어 주었다</sup>의 형태를 이해할 수 없다. 그러나 'ā가 η가 되었다'라고 표현하면, 어느 시기를 참조하는 것이고(시기를 정확히 잡기는 힘들다), 이 시기에 a는 단모음이었다. 예컨대 πάνσα, πάνσι, λελύκανσι와 같다. 따라서 이 음성법칙이 적용되던 시기에 ā는 없었고, 따라서 η로 변하지도 않았다. 다른 모든 언어도 사정은 마찬가지다(예컨대 프랑스어에서 자음 앞의 l은 u로 변했지만, 모든 시기에 그렇게 변한 것은 아니다(haltère<sup>역기</sup>!)).

여기서 (대도시에서) 방언들이 혼합되면서 생겨난 음성변화의 교란과 이 변화가 일어나는 데 걸리는 시간(흔히는 아주 느리며, 때로는

30년의 시간)을 논해야겠지만, 그럴 시간이 없다. 음성변화의 원인으로 넘어가기 전에 <u>음성변화 원리의 맹목성</u>에 대해 잠깐 얘기해야겠다. 왜 냐하면 이는 음성변화 자체의 본질적 특성이기 때문이다. 따라서 음성 변화의 효과는 모든 단어에서 느낄 수 있으며, 명사냐 형용사냐, 어간이 냐 접사냐의 구별은 필요 없다. 이처럼 음성변화가 맹목적인 이유는, 음 성변화 거부가 단어의 문법적 성질에 의존한다면, 그것은 음성변화가 아니라 문법변화라고 말할 수 있기 때문이다. 예컨대 χηνσες<sup>거위</sup>, μηνσες<sup>달</sup> 의 ν 뒤에서 σ는 탈락한다(χηνες, μηνες). 어미 σ가 아오리스트 ἔτενσα<sup>그것</sup> <sup>을 했다</sup>, ἔφανσα<sup>좋았다</sup>처럼 의미를 가진다면, 이 변화 현상이 멈출 것인가? 전 혀 그렇지 않다. s의 문법범주는 하등 중요하지 않으며, 다른 사례처럼 이 경우에도 음성변화가 일어났다. ἔτεινα<sup>펼쳤다</sup>, ἔφηνα<sup>밝혔다</sup>가 그 예다.

　　고대 고지 독일어 'gibo, meistar'는 후에 gibe<sup>주다</sup>, meister<sup>지배자</sup>로 변했 고, 일반적으로

가 되었다. 그러나 예컨대 ŏ와 ĕ의 차이가 (boton과 boten<sup>심부름하다</sup>에서처럼) 격을 가리키는 기본적 기능과 관련된 것이라면, 이 변화 현상을 약화시 키는 것인가? 그렇지 않다.

boton　　　boten

은 각기 다음처럼 변했다.

boten        boten

이것이 음성변화의 결과와 관련되지만, 여기서는 이 점을 강조해야 했다. 왜냐하면 음성변화 자체만을 고려할 때, 그것은 음성변화의 본질과 연관되기 때문이다.

## §3
### (음성변화의 원인)

음성변화의 원인에 대한 논의는 음성적 병인病因의 가장 예민한 문제들과 관련이 있다. 위에서도 수차례 논의를 했지만, 지금까지 이 점을 분명히 해명하지 못했다.

첫 번째 원인: 음성변화 현상은 최소 노력의 법칙으로 야기된다. 음성을 두 번 조음하는 대신에 한 번 하고, 어려운 조음은 더 편한 조음으로 대신한다. 이 해결책은 더 검토할 필요가 있다. 음성변화는 어떤 의미로는 이 해결책으로 설명되며, 검토할 가치가 있다. 음성변화의 원인은 이 원인으로써 어떤 의미에서 명확히 설명된다. 이 최소 노력이 원인이 아니라면, 적어도 일반적 원리는 발견했을 것이다.

최소 노력의 원리는 몇몇 사례의 음성변화의 원인은 될 수 있다. habēre<sup>가지다</sup>와 avoir<sup>가지다</sup>가 그 예다. 또 많은 언어에서 어말음절이 대규모로 탈락하거나 동화되는 것 같은 광범위한 현상도 설명된다.

| (aljos<sup>다른</sup> | 그리고 일반적으로 | lj, atna–adna |
|---|---|---|
| allos | | ll, anna<sup>헤엄치다</sup>)[44] |

또 이중모음의 단모음화(동화의 일종)도 최소 노력이다. 고대 프랑스어 ai 〉 ē(maïson<sup>집</sup>, maison)가 그 예다. 이와 정반대되는 다수의 사례도 쉽게 제시할 수 있다. 예컨대 단모음화

ī  ū  ü

가 후에 〈고대 고지 독일어에서〉

ei  au  eu

로 변한 사례들이다. 고대 슬라브어에서 ā, ō가 ă, ŏ로 축약된 것이 최소 노력의 결과 생겨난 것으로 생각한다면, 독일어에서는 최소 노력이 아니라 최대 노력으로 변화가 일어났다.

făter        gĕben
vāter<sup>아버지</sup>    gēben<sup>주다</sup>

무성음이 아니라 유성음을 발음하는 것이 최소 노력이라고 주장한다면,

---

44  atna > adna(유성음화, 불완전 동화) > anna(완전 동화)

p  f  (opera<sup>일</sup>)

b  v  (obera)

그 반대<sup>무성음화</sup>의 경우는 더 큰 노력을 요구하기도 한다. 예컨대 에스파냐어 hijo<sup>아들</sup>(후음 jod, 유성)는 hiχo가 되었고, 게르만어에서 g, b, d는 t, p, k가 되었다. 마찰음화는 노력의 감소라는 점을 인정하자.

(cubare     habere

couver<sup>알을 품다</sup>  avoir<sup>가지다</sup>)

반대 경우도 예를 들 수 있다. 예컨대 v ⟶ b(gĭve〈양순 v. 이는 별로 중요하지 않다〉geben)처럼 말이다.

그렇지만 이들 사례를 통해 제시된 해결책 전체를 반박하려고 한 것은 아니다. 사실상 각 언어에서 어떤 변화가 노력이 덜 들고, 노력이 더 드는지를 결정하기란 매우 까다로운 문제이다.

ă가        ā가

ā로        ă로

〈변했다〉    〈변했다〉

라는 경우를 사람들은 성향에 따라 정반대로 제시할 수도 있다. 음성생략이 노력이 더 적게 드는 것이 사실이라면, 언어에서 나태하게 발음한 음성이 탈락한다는 것도 역시 사실이다. 단모음은 더욱 주의하여 조심스레 발음하는 것이 요구된다. 따라서 위의 각 경우, 양쪽의 변화에 모두 최소의 노력이 있다.

마찬가지로 k가 tš로 변하면, 노력이 증대되었는가? 이 변화의 양극에 있는 두 사항만 비교하면 그렇게 보인다. 그러나 이 변화의 연쇄 전체를 복원하면, 과연 최소 노력이 있었는지를 의심하게 된다.

k

k' (구개음)

kj —— 여기에 이차조음이 나타난다. 따라서 노력이 증가?

tj      아니다. 좀 더 거친 음성이 더 정교한 음성을 대치한 것일

tχ'     수 있다. 계속 살펴보면, 곳곳에 최소 노력이 있음을

tš      관찰할 수 있다.

〈최소 노력의 원리가 동일한 사례에서 상반된 결과를 가져올 수 있음을 확인하는 사례를 보자. 독일어의 어두에 단순자음이었던 t에 h가 첨가되었지만(thanne~보다, thun행하다), 다른 언어에서는 어두 t 뒤에서 h가 소실되었다.〉 언제, 어디에 최소의 노력이 있었는지를 결정하려면 완벽하게 대규모로 연구해야 한다. 생리학적이고 심리학적인 관점을 둘 다 고려해야 한다.

앞에서 우리는 최소 노력의 법칙이 이 음성변화의 원인 문제를 어떤 의미에서만 밝혀 줄 수 있다고 말했다. 실제로 원인이란 무엇을 말하는가? 그것은 일정한 계기이며, 작은 자극을 통해 갑자기 최소 노력을 하게 된다. 음성변화는 일정 시기에 일어난다. 예컨대 4000~5000년 동안 단모음 ī로 발음했고, 두 세대라는 짧은 기간에 장모음 ī로 변화했다(sīben → sieben숫자7, ã 등도 마찬가지다). 왜 그렇게 변했는가, 그 원인

은 무엇인가?

이는 설명하기가 매우 어렵고, 최소 노력에서 기인하든 아니든 전체 음성변화에 해당한다(예컨대 로타시즘처럼).

두 번째 원인: 한 국가의 전반적 상태. 이는 전적으로 언어 외적인 원인이며, 우호적인 영향, 원인이다. 언어가 더 격심하게 동요하는 시기를 동요하는 외적 역사시기와 연관 짓고, 언어 일반과 관련된 문제를 음성변화와 연계 짓는다. 라틴어가 로망스어로 바뀔 때 일어난 가장 큰 격변은 게르만족의 침입으로서, 한창 소요가 일어나던 시기였다. 이처럼 정치적 안정과 언어적 안정의 관계나 반대로 불안한 상황에서도 학자들은 이들의 상관관계를 찾으려고 시도했다.

혼선을 피하기 위해 두 가지 구별을 염두에 두어야 한다.

1. 정치적 안정과 정치적 불안의 영향이 있지만, 이들을 동일한 방식으로 말할 수도 없고, 동일한 문제의 두 측면으로 간주할 수도 없다. 이들은 상호관계가 전혀 없다. 정치적 안정은 언어적 안정의 간접적인 (외적) 원인이다. 반면 정치적 불안은 단지 부정적으로만 언어변화의 원인이 된다. 사실상 언어의 부동성은 이미 말했듯이 언어 외적 사실에서 기인하는데, 곧 언어가 처한 비정상적 여건(궁정, 학교, 아카데미, 문자의 영향)이 그것이다. 이 여건은 정치적 불안으로 더욱 가중된다. 다음으로 언어는 정치적 격변으로 인해 더 큰 변화를 겪는다. 언어가 정상적인 흐름을 쫓아 자유로운 상태로 회귀하기 때문이다.

2. 현재로서 우리는 음성변화만 문제시하며, 모든 언어변화를 문제시하는 것은 아니다. 따라서 음성변동 시기와 역사적 소요 시기를 일치시킬 수는 없다. 문법변화는 사정이 다르다. 문법형태는 사고에 더 직접적으로 의존하기 때문에 정신에 직접적인 반향을 일으키는 외적 격변에 훨

씬 더 쉽게 영향을 받는다.

그 외에도 음성변화가 전혀 일어나지 않은 시기 ──더욱이 언어의 인위적인 부동 시기 ──는 들 수 없다. 더욱이 일반적 국가정세가 언어 진화에 미치는 영향이 간접적일 수밖에 없기 때문에 그것은 음성변화의 보다 심층적 원인이 될 수 없다.

세 번째 원인 또는 원인에 대한 시각 : 인종 자체가 음성변화 발생을 사전에 결정하는 경향이 있다는 견해이다.

이는 비교인류학의 문제이다. 음성기관이 인종에 따라 차이가 있는가? 그렇지 않다. 개인적 차이가 없는 것과도 같다. 태어날 때부터 프랑스에 거주한 흑인은 토착 프랑스인만큼이나 프랑스어를 유창하게 말한다. 더욱이 이탈리아인의 음성기관이라든가 독일인의 입은 어떠한 음성은 수용하지 못한다는 식의 표현은, 역사적 사실을 영원한 특성으로 간주하는 우를 범한다(이는 마치 현재시제로 음성변화를 공식화하는 오류와도 같다. '이오니아인의 발음기관은 ā를 거부하고, 이를 η로 바꾸어 발음한다', '이오니아 그리스어 ā는 η가 된다' 등을 참조).

하지만 어느 민족에게서 일정한 시기에 일어난 음성변화의 일반적 추세는 인지할 수 있다. 예컨대 (비록 시기는 동일하지 않지만) 이중모음을 단모음화하는 추세 같은 것이다. 그래서 어떤 방향으로 진행하는 음성변화의 추이에 일반적 흐름이 있다는 점은 인정한다. 실제로 이런 추세가 음성변화의 역사적 개념 자체를 훼손하는 것은 아니다. 이 지적은 정치적 사건에도 역시 적용될 수 있다. 앞에서처럼 음성변화 발생을 방해하는 직접적이고 영속적으로 인종이 미치는 영향 같은 것은 없다. 이에 대해 더 자세히 논의하지는 않겠다,

네 번째 원인 : 기후, 국가의 일반적인 지리적 여건. 유럽 북부의 어떤 언

어들에서는 자음을 중첩시키지만, 반대로 남부의 어떤 언어들에서는 자음이 제거되고 조화로운 새 음성이 생겨난다.

기후나 생활여건이 미치는 영향은 있겠지만, 현실을 직시해야 한다. 실제로 스칸디나비아인 바로 이웃에 라플란드인과 핀란드인이 사는데, 이들의 언어는 이탈리아어보다 모음이 더 풍부하다.

다섯 번째 원인 : 음성변화를 일으키는 주요한 역할은 유아기의 음성교육으로 귀착된다는 것이다. 이 설명은 몇 해 전부터 선호되었다〈메이예,『인도유럽어 비교연구 입문』, pp.6ff., 15ff. 참조〉. 아동들은 모색과 시도, 청각을 통한 교정 등의 일련의 과정을 거치면서 주위에서 말하는 것을 듣고 발화한다. 이 모든 모색 과정은 음성변화의 출발점이 된다. 아동이 익힌 부정확한 발음은 일생 동안 뿌리박혀 성장한 후에도 고정된 채로 남는다. 예컨대 아동이 k 대신 t를 발음하는 경우가 있다. 이는 음성변화는 아니지만, 다른 음성변형은 그렇지 않다. 예컨대 파리에서 많은 아동은 fl'eur꽃, bl'anc흰을 구개음화된 l로 발음하는데, 이와 같은 발음방식으로 인해 이탈리아어 florem꽃은 fl'ore가 되었고, 그 후 fiore가 되었다.

이러한 관찰에 관심을 가질 필요는 있지만, 이것은 문제의 본질을 다룬 것은 아니다. 실제로 자의적으로 틀린 발음을 선택하지만, 그 비밀스러운 합의가 어디에서 이루어진 것인지 모른다. 필연적으로 제기되는 왜라는 물음에 답을 제시하지 못한다. 왜 전 세대가 아주 자연스러운 음성변화 중에서 이 부정확한 발음을 그대로 함께 유지하는지, 다른 시기가 아니라 왜 하필 이 시기에 그 변화가 일어났는지 말이다.

여섯 번째 원인 : 이 설명은 아주 드문 것으로 음성변화를 유행의 변화와 동일시한다. 그러나 아무도 유행의 변화를 설명하지 못했다. 철학자

들을 사로잡은 모방의 법칙에 의존해서 설명하기도 한다. 이 설명은 원인의 문제를 해명하는 것은 아니지만, 다른 모든 설명보다 더 광범위한 문제를 다루는 장점이 있다. 음성변화의 궁극적 원인은 순전히 심리적인 것이다. 그것은 모방이어서 그 출발점이 어디인지는 신비스럽지만, 유행이나 음성학으로 이를 자세히 해명할 수 없다.

## §4
### (음성변화의 효과 또는 결과)

이 음성변화의 효과는 매우 다양하지만, 모든 측면에서 볼 때 그 효과를 측정하기란 불가능하다. 그 효과를 측정하는 것은 이 음성변화의 효과 자체를 고찰하는 것보다 더 큰 과제이다. 별로 복잡하지는 않지만, 매우 일반적인 현상이기 때문에 그렇다. 단어 외관의 변경과 그 음성적 구성의 변경을 생각해 보자.

(1) 시공간상의 효과

〈첫 번째 효과〉A) 시간상, B) 공간상

A) 시간상의 변경

꽤 기나긴 시기에 걸쳐 음성변화의 전체 합의 효과를 고찰해 볼 때, 그 특성은 무한하다는 것을 알 수 있다. 즉 음성변화는 단어의 외형을 무한히 변경시킨다. 음성변화를 어떤 형식으로 미리 만들 수도 없고, 단어의 모습도 다양하게 변하므로, 단어가 마치 무언가를 그대로 보존하려는 듯이 어느 정도까지만 변한다는 것은 순진한 생각이다. 이처럼 음성변화는 미리 헤아릴 수 없고, 무한하다는 특성은 단어의 의미작용과는 전혀 관계가 없는 음성상징 기호의 자의성에서 유래한다.

일정한 시기에 단어형에 제기되는 문제 전체는 음성변화를 겪지 않은 음성으로 구성되느냐 아니면 그 반대냐 하는 것이지만, 이를 제외하더라도 단어의 모습은 인지 불가능할 수도 있다. 그 사례를 보자.

라틴어 aevom은 (선사 게르만어에서) aivom이 되었고, 여기서 다음이 생겨났다.

aiwam<sup>일생</sup> – 동일한 조건에서 출현하는 단어들의 전 계열에 나타나
　　　　는 형태로서

aiwan

aiwă　(게르만어 역사시기)

aiw

êw　(순수 독일어) w 앞의 모든 ai

êo　모든 어말의 w처럼…

eo　　　　　　　　　　　단지 몇 해 동안만

io　모든 eo처럼…　　　분리

ie　모든 io처럼…　　(biogan<sup>몸을 구부리다, 절하다</sup>

　　　　　　　　　　biegan<sup>구부리다</sup> 참조)

je

jē　(현재 독일어 : 'was ich *je* gemacht habe!'<sup>일찍이 내가 했던 바의 것</sup>)


우리는 음성변화의 출발점과 도착점을 분리해야 한다. 우리가 관찰한 바는,

1. 이전 시기의 모습은 전혀 남아 있지 않다.

2. 각 변화 단계는 아주 확실하고 규칙적이다. 여기에 그 누구도 이견이

없다.

3. 각 변화 단계는 본질적으로 자체로 제한적이지만, 변화 현상 전체를
제시하면 음성변화의 결과는 무한하다고 할 수 있다.

또 다른 외국어 예를 들 수도 있다. 어느 시기에 단어 'kalido'더운가
확인된다.

| | |
|---|---|
| kalido | kalido (1세기)[45] |
| k'ald | – |
| tšald | – |
| šaud | – |
| šau | – |
| šǫ(chaud) | šǫ (17세기) |

여기서도 앞의 예와 똑같이 지적할 수 있다. 각 변화 단계는 그 자체로
는 제한적이지만, 그것이 모여 축적되면 그 변화의 결과는 무한하다. 변
화로 인해 단어의 외형을 인지할 수 없는 그 외의 단어도 수없이 많이
들 수 있다. 예컨대

| wadaniio[46] | minus | hoc illud |
|---|---|---|
| ↓ | ↓ | ↓ |
| gẽ(gain이득) | mwẽ(moins더 적은) | wi(oui예)[47] |

---

45  고전 라틴어 calidum의 민중어 형태이다.
46  고대 프랑스어 시기 프랑크어 *waidanjan(사냥하다, 먹이를 찾아나서다)에서 차용된 단어이다.
47  oïl의 축약형으로, 라틴어 hoc ille(그래서 그는)의 구어 축약형이다.

그러면 당연히 이처럼 질문할 수 있다. 즉 언어가 음성변화 외의 다른 변화 요인이 없다면, 앞 시기와 비교해 언어를 이해할 수 있을까? 물론 의심의 여지 없이 이해할 수 없다. 시간 요인을 개입시키고, 음성변화 외의 다른 모든 요인을 제외하더라도 일정 시기의 사람들은 다른 시기의 말을 이해할 수는 없을 것이다. 그래서 음성변화가 초래하는 다른 결과도 모두 응당 고찰해야 한다. 이 문제는 아직 설명하지 않았다.

B) 공간상의 변경

이는 시간상에 일어난 음성변경 못지 않게 주요하고도 중요한 변화이다. 음성변화 사건은 시기뿐만 아니라 공간 경계의 제약도 받으며, 이 공간 경계를 넘어서지 않는다. 이 원리에서 발생하는 음성현상의 지리가 있다. 이는 독일뿐 아니라 프랑스에도 영향을 멀리 미치며, 그 결과 마을별로 방언 경계를 그을 수 있다. (프랑스어 지역구어에 대한 질리에롱[48]의 언어지도와 독일어 방언에 대한 뱅커[49]의 언어지도 참조.)

사정이 그렇다면, 완전히 새로운 관점이 생겨난다.

1. 방언 차이와 언어 차이 자체를 만들어 내는 경계에 대한 관점. 언어와 지역방언 일반이 분화되는 싹이 〈지리적 경계에서〉 생겨난다.

2. 언어[랑그]의 다양성을 만들어 내는 것은 음성변화나 언어변화이며, 언어변화의 차이를 조건 짓는 것은 개별언어의 다양성은 아니다. 여기서 음성변화나 언어변화라고 말한 것은 단지 음성변화만 고려하기 때문이

---

48  Jules Gilliéron(1854~1926). 스위스 출신의 프랑스 방언학자. 주요 저서로 『프랑스 언어지도』(*Atlas linguistique de la France*, 1902~1910)가 있다.

49  Georg Wenker(1852~1911). 독일의 방언학자. 주저로 『독일제국의 언어지도』(*Sprachatlas des deutschen Reichs*, 1895), 『독일 언어지도』(*Deutscher Sprachatlas*, 1926)가 있다. 원서에는 Henker로 오기되어 있다.

며, 이러한 방식의 연구는 틀린 것이 아니다. 그것은 음성변화가 다른 종류의 언어변화를 전형적으로 잘 대표하는 까닭이다.

특정 언어와 독립적으로 일어나는 음성변화 현상을 보면, 다음 그림을 얻게 된다.

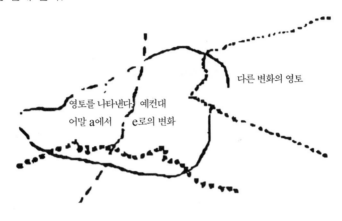

다른 변화의 영토

영토를 나타낸다. 예컨대 어말 a에서 e로의 변화

둘 또는 다수의 음성변화 현상의 경계가 거의 동일할 수도 있다(이는 매우 중요한 사실이다).

위와 같은 사태가 발생하면, 음성변화의 차이가 매우 현저하게 즉각 드러나고, 이 차이가 싹이 되어 차후 더 심해져 방언 경계가 형성된다. 오늘날에는 이 방언 경계를 아주 회의적인 시각으로 보는데, 동일한 방언 내에서 마을별로도 차이가 나타나기 때문이다. 이 차이를 인정하더라

도 두 가지 잘못된 개념이 있다.

1) 첫 번째 착오는 방언의 다양성을 지배하는 통일성이 있다는 것,

2) 또 다른 착오는 언어 경계가 절대적이라고 상정한다는 것이다. 프랑스 영토의 한쪽 끝에서 다른 쪽 끝까지 방언들은 다양하기만 해서, 여러 하위 지역방언의 경계를 구분하기 매우 어렵기 때문이다. 프랑스 국경을 넘어 프랑스어와 프로방스어의 경계를 구분하는 것만큼이나 이탈리아어와 프로방스어의 방언 경계를 확정하는 것도 쉽지 않다.[50] 프로방스어의 양쪽 경계에 서로 겹치는 지역들이 있기 때문이다.

따라서 모든 방언분화와 언어분화의 최종 원리는 지방에 따른 음성변화의 차이로 드러난다. 네덜란드어의 형성 과정에서 탁월한 사례를 볼 수 있다. 1200년경 네덜란드어는 독일어와 분명한 언어 경계가 정확히 없었다(동일 언어 내의 방언 차이 정도 이외에는). 점차 그 언어 경계가 다수의 음성현상에 공통적인 경계가 되었고, 언어 차이가 심해지면서 음성변화 진행 속도도 빨라졌다. 다른 곳처럼 이곳에서도, 〈적어도〉 네덜란드 영토의 양극 지역을 비교해 볼 때, 시공의 차원에서 〈음성변화〉에서 기인하는 단어의 음성모습이나 단어 구조의 변화로 인해 동일한 언어를 말하던 사람들이 서로 말을 이해하지 못하게 되었다. 인도게르만어 전체 어군을 놓고 볼 때도 이 언어분화의 싹을 발견할 수

---

50  프로방스어는 프랑스 남부 오크어권의 동남부 방언이며, 이탈리아의 서북부 방언인 피에몬테 방언과 접하고 있다. 프랑스어와 방언 영역이 겹치는 프랑코-프로방스어 방언(franco-provençal)이 있다.

있다. 예컨대 서부 방언의 전 지역에 없던 k에서 s로의 변화는 슬라브어, 이란어, 힌두어에는 공통적이다.[51] 이들 언어에는 k가 그대로 유지되지만, 그 외의 다른 언어에서는 k가 kw로 변화했다.

(2) 〈두 번째 효과〉 문법적 효과

A) 빈번한 결과 : 문법관계의 단절

두 단어를 연결하던 문법적 연계가 음성변화의 직접적 결과로 사라진다. 그러한 결과를 다음 사례에서 볼 수 있다.

$$
\begin{array}{ccc}
\text{faber} & \sim & \text{fabrica} \\
| & & (\text{faürdže}) \\
\text{fèvre}^{\text{세공업자}} & // & \text{forge}^{\text{대장간}}
\end{array}
$$

단어와 여기서 파생된 단어들은 각기 음성변화를 겪는 까닭에 사람들의 언어의식에 별개의 단어가 된다.

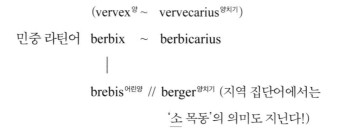

$$
\begin{array}{ccc}
(\text{vervex}^{\text{양}} \sim & \text{vervecarius}^{\text{양치기}}) \\
\text{민중 라틴어} \quad \text{berbix} & \sim & \text{berbicarius} \\
| & & \\
\text{brebis}^{\text{어린양}} & // & \text{berger}^{\text{양치기}} \; (\text{지역 집단어에서는}
\end{array}
$$

'소 목동'의 의미도 지닌다!)

---

51 인도유럽조어 방언은 크게 동부의 사템(satem)군과 서부의 켄툼(centum)군으로 나뉜다. 서부의 방언에서는 k가 그대로 유지되는 반면, 동부의 방언에서는 k가 s로 바뀌었다. 100을 가리키는 숫자 라틴어 centum과 산스크리트어 satem을 가지고 방언군을 편의상 지칭한다. 마치 로망스어의 방언군을 yes를 뜻하는 세 단어 oïl, oc, si로 나누는 것과 동일하다.

brebis와 berger의 어원관계는 명확히 말할 수 없다. 언어학에서 어원이 차지하는 자리는 없다. '어원적'이라는 형용사는 의미가 명료한 단어이며, 모든 종류의 언어변화 현상을 요약한다. 그렇지만 우리는 음성변화에 개입하는 현상을 설명하기 때문에 문법적 연계가 단절된 것은 어원현상의 결과가 아니라 음성변화의 결과로 간주한다.

또 다른 사례(앞의 사례와 약간 다르지만, 근본은 동일하다)로 다음 사례를 들 수 있다.

Gratianopolis　　~　　Gratianopolitanum
　　　　|
Grenoble그르노블　//　Grésivaudan그레지보당


decem　~　unidecem
　　|
dix숫자 10　//　onze숫자 11


다른 종류의 문법관계로 bîtan(물어뜯다) ~ bĭtum(우리는 물어뜯었다) ~ bĭtr(물어뜯는, 물어뜯기듯 아픈)를 들 수 있다. t가 변하지 않은 자음군 tr을 제외하고, t에서 z로의 변화를 일으킨 음성변화의 결과로 그다음 시기에 다음 형태가 생겨났다.


bîzan ~ bĭzum　//　bitr
(beiβen물다)　　　(bitter쓰라린)

이것은 직접 파생된 것은 아니지만, 동일한 어휘체계에 속하는 단어에서 분리된 것이다. 이 현상은 '고립'isolation이란 명칭으로 불렸다. 이 고립으로 인해 문법적 관계가 상실되었다.

굴절을 형성하는 단어도 역시 예로 들 수 있고, 음성변화도 일어난 결과를 살펴볼 수 있다.[52]

comes<sup>백작</sup> ~ comitem | baro<sup>남작</sup> ~ baronem
cuens      comte   | ber      baron
           (n.)


présbiter <sup>사제</sup> ~ presbíterum
prestre       proveire


혼란을 피하기 위해 두 가지 사항을 지적해야겠다.
1) 이 단어 형태들이 상당히 다름에도 불구하고 문법관계는 사실상 곧 단절되지 않기에 오랫동안 학자들은 이 단어들이 동일한 단어족에 속한다고 생각했다.[53] 이러한 이유로 다른 사례처럼 겹세로줄을 그어 이 단어들을 구분하지 않았다. 하지만 이 차이는 매우 중요해서 이들 형태, 즉 쌍립어에서 어느 한 형태를 제거해야 한다. 2) 특히 이 경우, 인과관계로 대립된 것으로 착각하면 안 된다. 이들 단어가 달라진 출발점은 악센트이다. 악센트가 없었다면, 음성변화로 형태가 아주 달라지지 않

---

52  아래 예들에서 단어쌍의 앞 단어는 주격, 뒤 단어는 사격이다.
53  고대 프랑스어에서 명사에는 주격과 사격의 두 격이 있었으나, 현대 프랑스어의 명사는 고대 주격형이 소실되고 대부분 사격형에서 유래하는 형태이다.

았을 것이다. 따라서 악센트의 위치는 이 단어들이 달라진 최초의 원인이었지만, 이들의 관계를 단절시킨 것은 악센트의 위치가 아니었다. 사실상 présbiter와 presbíterum에서 악센트의 차이로 문법관계가 단절되지 않았다.

문법적으로 근접하는 두 계열의 형태들 사이에 단절이 있을 수도 있다.

사례를 제시하기 전에,

aqvam물 eqvom말 lacum구멍 nāvim배 ~ rēgm (rēgm̥왕) septm̥숫자7

위의 라틴어 형태들에 대해 지적할 점이 있는데, 이들이 기원에서 나란히 발달해 왔지만, 그 후의 발달로도 특수한 점이 나타나지 않았고, 그 이후에도 여전히 다음 형태가 재발견되었다는 것이다.

aqvam    eqvom    lacum    nāvim    rēgem    septem

그러나 그리스어는 사정이 달랐다(septem과 ἕπτα숫자7 참조).

제1시기 : λύκον늑대        λύπην고통        γλύκυν달콤한

~ ποδν⟨(n̥)⟩발    φυλακν⟨(n̥)⟩문지기    ἑπτν⟨(n̥)⟩숫자7

제2시기 : λύκον        λύπην        γλύκυν

// πόδα        φύλακα        ἑπτά

이 [사례들]처럼 문법관계 중 ⟨단지⟩ 한 사항(음성일치)만 단절되었지

만, 다른 사례에서는 문법관계가 엄청난 결과를 초래했다.

B) 단어의 일부를 분석하는 경우, 이 단어에서 일어난 음성변화의 문법적 효과는 단어 전체가 한 단어가 되어 분석할 수 없다. 그래서 단어 구성을 알려주는 대립 부분은 인지할 수 없다.

예컨대 몇몇 라틴어 복합어는 프랑스어에서는 복합어가 될 수 없거나 복합어가 아니다.

inamicus     insignare

en(n)emi<sup>적</sup>     enseigner<sup>가르치다54</sup>

이들 사이에는 음성변화 현상뿐이다. 라틴어 내에서도

po-sĭnere    또는    pérdăre<sup>위치시키다, 두다</sup>

posnere           pérdĕre<sup>부수다</sup>

ponĕre<sup>놓다, 두다</sup>

*vivipăra (재구 단어)

vīpĕra<sup>독사</sup>

(*aevitas

aetas<sup>생애처럼</sup>)

중기 고지 독일어에서도 같은 예를 들 수 있다.

---

54 라틴어 단어들은 in+amicus, in+signare로 접두사 분석이 가능하나, 프랑스어 단어들은 en+nemi, en+seigner로 분석할 수 없는 한 단위이다.

dritteil <sup>세 번째 부분</sup>

은 몇 세기 후에

drittĕl <sup>3분의 1</sup>

이 되었다.

사례 B)는 A)로 환원되며, 서로 완전히 합쳐진다. 사실상 drittel을 분석할 수 없다고 하는 것은 dritteil처럼 teil<sup>부분</sup>과 관계 지을 수 없다는 것을 의미한다. 다시 말해서 이 변형된 단어를 독일어에서 그 경쟁 단어와 비교할 수 없다는 뜻이다. 아래를 참조하라.

teil ~ dritteil  그리고  faber ~ fabrica

teil // drittel      fevre // forge

B)를 A)로 귀착시키는 것은 이들을 분류하는 가장 정확하고 유일한 방법이다. 여기(B))에 위에서 살펴본 사례(A))를 분류할 수도 있다.

undecim  ~  decem

onze<sup>숫자 11</sup>  //  dix<sup>숫자 10</sup>

프랑스어 화자들이 undecim을 분석할 수 있다고 하는 것에는 〈실은 어원사전을 이용하거나 프랑스어의 역사적 문헌을 가지고 분석하는 것이 아니라〉 이 화자들이 프랑스어에도 unus, decem 같은 단어가 있으며, 이들과 un, decim을 비교할 수 있다는 것 외에 다른 의미는 없다.

　　다른 사례들: hunc, hīc, hoc, hac<sup>이것</sup>는 분석이 불가능한 덩어리이다. 다른 시기의 명문銘文에서 다음 단어를 읽을 수 있다. HOM-CE, HĀ-CE(아마도 hoc는 사람들이 hŏd-ce로 말했을 것이다). 따라서 여기에는 두 가지 사실, 즉 대명사 hom과 이에 덧붙인 첨사 ce가 있다. 음성변화로 e가 탈락하고, 거기서 오늘날 형태가 유래한다. 옛적에는 hom-ce를 ecce<sup>여기</sup>와 비교했지만, 그 후에는 hunc에서 ecce를 더 이상 상정할 수 없었다.

$$(\text{hom-ce} \sim \text{ecce}$$
$$\text{hunc} \quad // \quad \text{ecce})$$

이는 곧 hunc는 더 이상 분석할 수 없다는 것을 의미한다.

　　화자 집단은 단어를 그 하위단위의 구성으로, 즉 단어의 여러 문법요소(어간, 어미)로 분석하고(예컨대 firmit-나 -atem 등), 여기에 부착된 의미도 매우 잘 이해한다. 프랑스어 fermeté<sup>단단함, 견고함</sup>도 같은 방식으로 분석되지만,[55] 식자어識者語[56] 구성으로 인해 하위단위가 존재하지 않는 것으로 간주해야 한다. 이와 반대로 음성변화로 firmitatem<sup>강함, 견고함</sup>이 어떻게 변했는지 생각해 보자. ferté<sup>성채</sup>〈많이 출현하는 지명[57] = 성채, 요새〉가

---

55　firmit + atem > fermete.

56　프랑스어에는 언어변화를 겪어 전해 내려온 단어와 (고전) 라틴어에서 직접 차용한 단어의 두 계열의 단어가 있다. 이들은 쌍립어를 구성한다. 전자를 대중어(mot populaire), 후자를 식자어(mot savant)라고 한다.

57　라페르테베르나르(La Ferté-Bernard), 라페르테밀롱(La Ferté-Milon) 등의 지명에서 볼 수 있다.

되었다. 이 단어 역시 dortoir [공용침실](dormitorium), leçon[수업](lectionem[선별, 독서])처럼 거의 분석되지 않는다. ferté에서 fer-만으로는 아무 의미가 없고, 경쟁 단어와 연관될 수 없다. leçon에서 lire[읽다]를 의미하는 요소 lect-에 대한 의식은 더 이상 없고, -çon이란 요소는 더욱 그렇다.

이 두 경우 A), B)는 분할되는 것으로 생각되어 수집한 사례이며, 어간의 분리가 문제 된다. 도착점에서 화자들은 비교해서 연계시킬 단어를 전혀 찾을 수 없다. 훨씬 더 광범위한 현상이라는 차원에서 보면, 음성변화는 문법적으로 연관된 두 형태의 차이를 더욱 부각시킨다. 연관성을 단절하지 않고, 새로운 연관 사실을 거기에 덧붙인다(교체현상[alternance]). 이 세 번째 현상을 조사하기 전에, 여기서 한 가지 사항을 지적하고 강조하면, 교체현상을 정확히 평가할 수 있다.

우리는 문법적 결과를 언급하면서 최소한 두 형태, 두 사항을 고려했다. 이를 인정하든 않든 문법현상을 논할 때 언제나 그렇게 해야 한다. 따라서 1) 언제나 단어쌍(예컨대 faber~fabrica)이 있고, 2) 이 단어쌍의 두 항의 차이만 부각시키는 음성변화가 있다. 음성변화로 이 단어쌍이 창조되지 못한다. 많은 사례에서 이와 반대 경우를 상정하려는 유혹이 있다. 예컨대


présbiter   ~   presbíterum

prestre   //   proveire


에서 이 단어쌍이 생겨난 원인이 음성변화인가 하는 질문을 제기할 수 있다. 다소 부정확하게 말하면, 그렇게 생각할 가능성도 있다. 〈즉〉 'presbiter가 prestre와 proveire가 되었다'라고 한다면 말이다. 하지만 그

차이는 처음부터 있었고, 음성변화로 한 단어에서 두 형태가 생겨난 것은 아니다. 이는 규칙성의 원리에 반한다. caldium<sup>뜨거운</sup>이 처음에는 tšald가 되었고, 그 후 šo로 변화한 것도 마찬가지로 한 형태로부터 여러 형태가 창조된 것인가를 질문할 수 있다. 그렇지 않다.

$$
\left.
\begin{array}{ll}
\text{caldium} & = 1 \\
\text{tšald} & = 1 \\
\text{šo} & = 1
\end{array}
\right\} \text{ 시기별로}
$$

다른 한편 시간 요인 외에 공간 요인을 개입시키면, 음성변화는 시기별로, 지역별로 한 형태만을 창조하는 것을 알 수 있다.

$$
\begin{array}{l}
(\text{tšald} = 1 \\
\qquad // \quad \text{caldo} = 1) \\
\text{šo} = 1
\end{array}
$$

음성학자를 비롯해서 많은 학자들이 여기에 반론을 제기한다. 우선 가장 일반적 반론을 살펴보자. 'collocare<sup>두다, 위치시키다</sup>는 coucher<sup>눕히다</sup>와 colloquer<sup>자리에 앉히다</sup>가 되었다.' collocare는 coucher만 창조했고, colloquer는 라틴어 식자어에서 유래한 단어일 뿐이다(rançon<sup>몸값</sup>과 redemption<sup>구원</sup>도 마찬가지이다). '하지만 잘 갈고닦은 세련된 프랑스어에서는 catedra<sup>등받이 의자 58</sup>에서 chaire<sup>강단의자</sup>와 chaise<sup>의자</sup>가 창조되었다.' 그런데 다른 지역의 방

---

58 고전 라틴어로는 cathedra이다.

언 형태가 프랑스어에 도입되었다(다음을 참조하라).

파리 사람들은 모음 사이의 r를 z로 바꾸었다. 이제는 두 사례만이 남아 있다. besicles<sup>안경</sup>(béryl, bericles에서 유래)와 chaise이다. cavalier<sup>기병</sup>와 chevalier<sup>기사</sup>, cavalcade<sup>기마행렬</sup>와 chevauchée<sup>기마행렬</sup>도 마찬가지이다. cavalier 와 cavalcade는 이탈리아어에서 차용된 단어이다. 최근 피카르디어 rescapé<sup>구조된</sup>〈cat, chat<sup>고양이</sup> 참조〉가 프랑스어에 들어와 réchappé<sup>고무를 댄</sup>와 함께 기능한다.

좀 더 강력한 반론도 있다. "동일한 라틴어 단어 'me'(te)가 오늘날 'me와 moi'(te와 toi)로 변했다"라고 주장할 것이다. 라틴어 'me'가 프랑스어 'me'가 된 것은 강세를 받지 않았기 때문이고, 'moi'가 된 것은 강세를 받았기 때문이다. 강세 유무는 어디서 유래하는가? 문장 내의 위치이며, 음성변화에서 유래하는 것이 아니다. 그래서 이것은 한 단어에서 두 형태가 생겨난 것으로서, 음성변화의 결과는 아니다. 예컨대 독일어에서 ur-가 때로는 ur-, 때로는 er-가 되는 것도 동일한 반론이다.

(ur-laub<sup>하직</sup>    er-lauben<sup>허가하다</sup>

ur-teil<sup>판단</sup>    er-teilen<sup>승낙하다</sup>

ur

ur/er)

ur와 úr를 사용하는 것은 합성의 종류(무엇보다 문법적인 사실이다)에 따른 것이다. 전자는 er-가 되었고, 후자는 ur-로 그대로 잔존했다. 이처럼 음성변화로 한 단위가 둘로 나뉜 결과는 아니다.

　　그럴싸하게 보이는 사례는 리에종이다.

　　'trēs숫자3에 바탕해서 오늘날 troi와 troiz가 생겨났다(gro와 groz큰은, bel과 beau아름다운도 마찬가지다).'[59] 출발점부터 검토해 보자. 동일한 단어가 문장 내에 달리 위치하기 때문에 이 단어가 처한 조건이 분명 다르다. 음성변화 자체는 다른 별개의 조건에 작용해서 이 단어들을 만들어 낸 것이 아니다. 이들 형태는 문장의 구성에서 유래한다.

　　요약: 우리에게 음성적 쌍립어란 존재하지 않는다. 음성변화는 이들 단어형의 차이를 더욱 부각시키는 역할을 한다. 이들 쌍립어가 외적 원인에서 생겨난 것이 아니면, 〈결국은〉 문법적 상황으로 귀착된다. 이 문법적 정황은 음성변화에서 기인하는 것이 아니다.

C) 음성교체: 음성교체는 음성변화로 생겨난, 가장 중요하고 일상적이며 광범위한 문법적 결과이다. fevre // forge를 보면, 이 두 형태 차이를 명료히 설명할 수 없다. 이와 반대로 단어형의 차이가 아주 커서 1) 차이가 기반한 요소를 분리해 낼 수 있고, 2) 그것이 일련의 평행 단어쌍에서 규칙적으로 반복되면, 이 차이를 음성교체라는 명칭으로 부른다.

　　프랑스어에 다음의 두 단어 계열이 있다.

---

59　trois의 리에종형은 troiz이다(trois[z] enfants). 리에종으로 인해 beau ami는 bel ami가 된다.

$$\text{pouvons}^{\text{우리는 할 수 있다}} \quad : \quad \text{peuvent}^{\text{그들은 할 수 있다}}$$

$$\text{voulons}^{\text{우리는 원한다}} \quad : \quad \text{veulent}^{\text{그들은 원한다}}$$

$$\text{nouveau}^{\text{새로운}}. \quad : \quad \text{neuve, neuf}^{\text{새로운}}$$

$$\text{douloureux}^{\text{고통스러운}} \quad : \quad \text{douleur}^{\text{고통}}$$

우리는 차이 요소와 규칙적 변이를 비교적 쉽게 분석해서 분리할 수 있다. 그 증거는 단어 Bavouvisme[바뵈프주의]과 'Babeuf'[바뵈프][60]의 교체에서도 찾아볼 수 있다.

라틴어에서 r : s 교체

$$\text{gero}^{\text{나르다}} \quad : \quad \text{gestus}^{\text{날라진}}$$

$$\text{maeror}^{\text{슬픔}} \quad : \quad \text{maestus}^{\text{낙심한}}$$

$$\text{onerit}^{\text{짐을 싣다}} \quad : \quad \text{onus}^{\text{짐}}, \text{onestus}^{\text{짐을 실은}}$$

독일어에서 s : r 교체

$$\text{fer-liesen}^{\text{잃다}} \quad : \quad \text{fer-loren}^{\text{잃었다}}$$

$$\text{kiesen}^{\text{선발하다}} \quad : \quad \text{ge-koren}^{\text{선발된}}$$

$$\text{friesen}^{\text{얼리다}} \quad : \quad \text{ge-froren}^{\text{언}}$$

근대 독일어에서 ei : i 교체

$$\text{beissen}^{\text{물다}} \quad : \quad \text{biss}^{\text{물었다}}$$

$$\text{leiden}^{\text{견디다}} \quad : \quad \text{litt}^{\text{견뎠다}}$$

$$\text{reiten}^{\text{타다}} \quad : \quad \text{ritt}^{\text{탔다}}$$

여기서 화자의 언어본능은 ei/i 대립을 너무나 잘 의식하며, 아주 철저하게 의식한 결과 다른 현상을 대하는 것으로 착각할 정도이다.

　음성변화는 이 두 계열의 형태 전체에, 아니면 상당 부분에만 영향을 미쳤는가? 앞에서 지적한 바에 따라 아니라고 쉽게 대답할 수 있다〈다시 말해서 이 쌍립어 전체에, 그 대부분에도 영향을 미치지 않았다〉. 음성변화는 하나의 단위를 창조하지 단어쌍을 창조하지 않았다. 그것은 단어쌍을 부각시키는 역할을 하되, 어느 방향으로 변화를 유도하는 역할만 했다. 여기서 표현이 잘못 사용될 위험성이 있음을 알 수 있다. 첫 계열의 교체 사례를 설명하려고 'nov, vol이 음성변화로 neuv-나 nouv-, veul-나 voul-가 되었다'라고 말하면,[60] 그것은 가상의 단위를 추출해 내는 것이다. 왜냐하면 실제로는 nóvus<sup>새로운</sup>, novéllus<sup>새로운</sup>만 존재하며, 처음부터 존재한 단어쌍은 없기 때문이다. 하지만 이런 방식의 문제 해결에는 방법적인 장점이 있다. 두 사례(ges-o, ges-tus)에서 s/r 교체에 대해 s/s가 있다는 의미에서 사실은 한 단위가 존재한다. 그러나 이미 앞에서 말한 바를 잊어서는 안 된다. 사실상 ges-를 가지고 실제로 분석 작업을 하지만, ges-o나 ges-tus에 이 단위 ges-를 대입시키면, ges-는 서로 다른 두 조건에 놓인다. <u>그렇기 때문에 음성변화의 이원쌍은 무엇보다도 문법적 사실이 만들어 낸다.</u>

　이 교체를 더욱 자세히 <u>정의</u>하려면, 다음과 같이 말할 수 있다. 교체는 '일정한 두 음성이, 공존하는 두 계열의 형태에서 다소 규칙적으

---

60　novum > nouveau, novem > neuf. volare > vouloir(원하다). vouloir를 활용한 nous voulons, ils veulent에서 어간에 강세가 오면 veul-, 어미에 강세가 오면 voul-이 되는데, 전자를 약세 어간, 후자를 강세 어간이라고 한다. 단수 1, 2, 3인칭과 복수 3인칭은 강세 어간, 복수 1, 2인 칭은 약세 어간이다.

로 전위되는 대응'이다.

교체alternance를 전위permutation로도 부르는데, 이 용어는 혼동을 일으킬 위험이 크다. 왜냐하면 음성변화를 가리키려고 다소 임의로 사용할 수도 있기 때문이다. 위의 정의는 이 위험을 피할 수 있는데, 그것은 '전위되다'에 '공존하는'이 붙어 있기 때문이다. '변천'mutation이란 용어를 오직 음성변화를 가리키기 위해 쓴다면 교체의 의미로 전위란 용어를 사용할 수 있다. 하지만 어쨌든 전위는 단지 한 언어상태뿐일 때는 이동이란 잘못된 이미지를 주기 십상이다('교환', '변형'이란 용어도 마찬가지다). 음성변화에는 계기적 두 사항이 있고, 이 중 둘째 사항은 첫째 사항을 제거하는 조건에서만 존재한다. 반면 교체는 두 음성요소가 대립하는 현상이다. 상관관계가 있는 것으로 추정되는 동시적인 두 형태 사이에 이동은 없다. 음성변화의 조건은 한 요소가 다른 요소를 제거하는 반면, 교체 조건은 이들이 서로 대립하는 것이다. 음성변화에는 두 시기와 한 형태(시기별)가 있지만, 교체에는 한 시기와 두 형태가 있다.

음성변화를 벗어나서 교체의 결과를 고찰하면, 음성영역을 떠나는 것이다. 수많은 언어학자들이 범하는 오류가 음성요소와 관계되므로 교체는 음성현상이라고 생각하는 것이기 때문에, 우리는 결코 음성교체라고 말하지 않겠다. 그렇다면 이는 어떤 영역에 속하는가? 문법영역이다. 〈문법현상이라는 점을 확신하려면 사실상 이 변화는 공시적인 두 사항 사이에 일어난다는 것을 아는 것으로 충분하다.〉 문법을 연구하면, 교체로 귀환하는 것이다. 교체와 음성변화의 대립을 지적하는 것으로 충분한데, 그 이유는 교체가 여전히 진화언어학과 관련 있기 때문이다. 따라서 교체를 음성변화와 제대로 구별하려면, 가능한 한 교체의 특성을 고찰해야 한다.

음성변화는 음성법칙에 따라 일어나는 완전히 규칙적 사건이다. 교체는 그 자체(이들의 원인을 고찰하려는 것이 아니다)로는 1) 법칙으로 표현되는 형태에 영향을 미치는가? 그렇다면 2) 이는 어떤 종류의 법칙인가?

노트 II

첫 번째 질문에 대한 대답은 반드시 그렇지는 않다는 것이다. 실제로 음성을 다르게 처리하여 차이를 일으킨 조건의 차이가 없어지면 눈에 띄지 않는 수가 있다. 예컨대 근대 독일어에 널리 퍼진 e/i의 대립과 같은 것은 더 이상 설명되지 않는다.

| | | |
|---|---|---|
| geben<sup>주다</sup>, gebet<sup>주어라</sup> | : | gibt<sup>그는 준다</sup> |
| feder<sup>깃털</sup> | : | gefieder<sup>깃털 전체</sup> |
| feld<sup>들판</sup> | : | gefilde<sup>광야</sup> |
| berg<sup>산</sup> | : | gebirge<sup>산맥</sup> |
| wetter<sup>날씨</sup> | : | wittern<sup>비바람 치다</sup> |

우리는 이 교체가 어디에서 유래하는지는 알지 못한다. 지금 이 교체를 있는 상태 그대로 받아들여야 한다. (옛적에는 사실 뒷음절에 i가 오면 강세 e는 i로 바뀌었다. 하지만 지금 이 i가 wittern, gefilde 등에서처럼 e가 되었기 때문에 이처럼 일어난 변화는 설명할 수 없다.)

[두 번째 노트의 시작]

다음과 같은 경우도 일어날 수 있다.
2) 교체가 규칙적으로 분포하지만, 문법적인(좁고 엄격한 의미의 '문법'〈다르메스테테르, 『역사문법』, I(음성학), p.4 참조〉 = 현재, 복수, 형용사 등과 같은 문법형태) 교체의 경우, 문법 범주로 귀착할 수도 있다.
근대 독일어에서 예컨대 다음과 같이 말이다.[1]

$$\text{lang}^{긴} \quad : \quad \text{Länge}^{길이}$$

$$\text{stark}^{강한} \quad : \quad \text{Stärke}^{강함, 힘}$$

$$\text{hart}^{굳은} \quad : \quad \text{Härte}^{강도}$$

문법서를 쓴다면, 이 교체의 규칙성을 이용하여 교체법칙을 세울 수도 있다. 하지만 이는 문법기능의 관점에서 표현하는 문법법칙이 될 것이다. 예컨대 라틴어의 다음 예가 있다.[2]

$$\text{făcio}^{만들다} \quad : \quad \text{afficio}^{공급하다}$$

$$\text{amīcus}^{친구} \quad : \quad \text{inimīcus}^{적}$$

$$\text{rapio}^{빼앗다} \quad : \quad \text{arripio}^{잡다}$$

여기서 내가 생각할 수 있는 유일한 공식은 문법적 공식이며, 합성 composition이라는 문법현상을 참조하여 이를 표현할 것이다.

따라서 이 두 번째 경우에 세울 수 있는 법칙은 교체의 기반이 되는 다양한 조건에 달린 것이 아니다. 그것은 간접적인 법칙이다. 우리는 이를 미리 알 수도 있고, 과거로 거슬러 올라가면 검증해 볼 수도 있다. 예컨대 Länge, Härte 등에 대해

---

1 a와 ä의 교체로 형용사-명사의 범주 차이가 있다.
2 기어에 접두어 ad-, in-이 붙은 합성어로서 a / i의 교체가 규칙적으로 나타난다.

lang　　:　　langî

hart　　:　　hartî

î 앞의 a는 e로 변한다.

lang　　:　　lengî

stark　　:　　sterkî


따라서 문법범주가 아니라 음성환경이 문제이다. 오늘날 교체가 문법 현상으로만 귀착되는 이 대범주(2.)에 또한 모음변이$_{ablaut}$라는 대범주도 속한다(geben$^{주다}$, gibt$^{그는 준다}$, gab$^{주었다}$ 등).

　　또 있을 수 있는 경우는

3) 음성환경이 여전히 투명하다는 점이다.

앞의 것과 동일한 사례지만, 그 시기가 다른 예를 들어 보자.


| geben | : gibt | geban, gebet | gebit |
|---|---|---|---|
| feder | : gefieder | fedara | ga-fidiri |
| berg | : gebirge | berg | ga-birgi |


(어간모음 e가 ī 앞에 있을 때, e를 가진 형태와 ī를 가진 형태 두 가지가 생긴다. 이 모음교체는 500년 전부터 있었다.) facio의 경우도 음성법칙으로 귀착시킬 수 있다.

$\text{făcio}^{\text{하다, 만들다}}$ : $\text{afficio}^{\text{공급하다}}$ Agragant

... gri ...

$\text{păter}^{\text{부친}}$ : Iupiter māchăna

$\text{māchĭna}^{\text{작품, 일}}$

facio – affĭcio에서 교체조건이 없어지지 않았고, 두 음절 사이에 놓인, 〈făcio나 다른 단어의〉ă는 ĭ와 교체한다. 중요한 것은 ă가 ĭ와 교체하는〈ĭ가 되는〉 모든 경우에, 어떤 법칙이 작용했는지 아는 것이다.[*]³ 이처럼 말하는 것은 음성법칙, 문법적 교체법칙을 세웠기 때문인가? 음성법칙과 교체법칙을 이처럼 말하기는 불가능하다. 이런 이유로 현행의 이 공식은 틀린 것이다. 음성법칙과 교체법칙이 하나로 뒤섞여 버렸기 때문이다. 음성현상이 없으면 교체도 없는 것은 사실이지만, 설명을 하려면 이 공식 두 가지가 필요하다. 음성변화 făcio > affĭcio가 facio : affĭcio로 대체되면서 모호해지고 혼란스러워졌기 때문이다. 명쾌하게 설명하려면, 항이 네 개 필요하다.

3† 〈여담. 우리는 음성법칙, 교체법칙이라고 말하지만, 이 두 경우에 '법칙'은 의미가 다르다. 음성법칙 = 음성현상 $^{\text{사건}}$ 은 틀린 것이다. 법칙이란 상태를 가리키는 영속적인 것이기 때문이다. 오히려 자체의 법칙을 지닌 음성현상 $^{\text{사건}}$ 이라고 말해야 할 것이다. 교체의 경우, 법칙이란 용어 사용은 합당하다(법칙 = 조정, 규칙성의 원리). 이 두 가지 용법 중에서 선택한다면, '법칙'이란 용어를 문법사실, 문법상태만 가리키는 것으로 사용을 국한하는 것이 더 좋겠다(교체는 이 문법상태에 속한다).〉

I    facio : affăcio    (두 형태는 현존하지만, 교체는 없다)

음성변화의 영역

(두 시기를 나타낸다)

II   făcio : afficio    〈주의: fakio, affikio로 발음〉

전위<sup>교체</sup>의 영역

둘째 음절의 ă

↓    한 시기에서 다른 시기로:

둘째 음절의 i    음성법칙(제1공식)

făcio : afficio : 즉, ă가 있는 형태가 합성어가 되면
교체에 의해 ĭ는 ă와 대립한다:
교체법칙(제2공식)

'두 음절 사이에 놓인 〈facio나 다른 단어의〉 ă는 ĭ와 교체한다〈ĭ가 된
다〉'라는 단일한 하나의 공식으로 facio, afficio와 affacio, afficio 두 쌍 사
이에 일어나는 현상을 설명하려면 모순에 빠지고, 다음 오류를 저지르
게 된다. 1. 음성법칙의 오류. 왜냐하면 a는 전위되거나 다른 음성으로
변하는 것이 아니라 이미 전위되었고, 음성이 바뀌기 때문이다. i로 바
뀐 것은 facio의 a가 아니라 affacio의 a이다. 2. '된다', '전위한다', '변화
한다' 등이라고 표현하는 교체법칙의 오류. 왜냐하면 대립이 있는 경우
에만 이동<sup>전위</sup>이라고 말하기 때문이다.

## 제2장

〈[연필로] 기호 ✳[p.62^139쪽]까지. 내 노트의 공백, 카유의 노트에 의거해 수정〉

## 유추변화

음성변화로 생기는 가장 일반적인 결과는 음성분화 작용이다. 〈언어에 존재하는 형태 전체가 증가된다.〉 유추변화는 형태를 통일시키는 작용을 하며, 〈음성변화와〉 반대로 기능하는 것〈을 알 수 있다〉. 이 둘은 본질상 비교할 수 〈없다〉.

### §1
### 유추변화의 근본 원리

음성〈변화에서 유래하지 않는 정상적인 언어변화는〉 모두 유추 analogie〈의 결과이다〉. 〈'유추'라는〉 용어는 그리스어 문법에서 차용한 것이다(변칙 anomalie 과 대립된다). 〈유추형은 다른 형태의 이미지를 따라 창조된 것이다. 기존의 전통 형태가 연상작용으로 만든 다른 형태로 대치되면 유추변화 현상이 생긴다. 우선 정신<sup>마음</sup>에 의해, 다음으로 언어에 의해 자유로이 만들어지는 창조 현상이다.〉 유추변화의 근본 원리는 <u>심리적</u>이다. 그래서 역사적 사례가 필요 없다. 아동언어에서 아동은

éteindrai<sup>나는 불을 끌 것이다</sup> : éteindre<sup>끄다</sup>

craindrai<sup>나는 무서워할 것이다</sup> : craindre<sup>무서워하다</sup> 등

에 대한 유추로 'viendre'라고 말한다.[4] 이 유추변화는 제한된 용법을 지닌 단어나 형태에서 빈번히 나타난다. 예컨대 〈아동은〉traire<sup>젖을 짜다</sup>의 반과거를

plaire <sup>마음에 들다</sup>  :   plaisait

taire <sup>말하지 않다</sup>  :   taisait

에 대한 유추로 (trayait가 아니라) traisait란 형태로 말한다.
다른 단어에 대한 유추로 새 형태를 찾거나 이 유추를 표현하기 위해 <u>4항 비례식</u>을 이용한다,

plaire : plaisait = traire : x

여기에서 구한 답은

x = traisait

éteindrai : éteindre = viendrai : x

x = viendre

이 두 유추형(traisait, viendre)과 그 외의 형태들은 대중에게 일반적으로

---

4  위 단어들의 미래형과 viendrai(나는 올 것이다)의 형태가 동일하므로 이를 유추하여 부정형 viendre를 떠올리게 되지만, 사실 부정형은 venir(오다)이다.

수용되지 않는다. 유추형 그 자체는 언어에 들어온 다른 형태들처럼 합법적이다.

유추에 의해 형성된 창조형의 역사적 사례〈를 들어 보자〉.

예컨대 주격 honor이 그 사례이다. 처음에는 honos, honosem이었으나, 그 후 (로타시즘에 의해) honorem이 되었다. 여기에서

$$oratorem : orator = honorem : x$$
$$x = honor$$

그래서 주격은 두 가지 형태 honōs, honor가 되었다. 〈여기서 중요한 것을 지적해야겠다. 유추변화에는 교체된 이전 형태(honos)가 반드시 소실되지 않고 공존한다는 점이다. 반면 음성변화에서는 이전 형태(honosem)는 소실되고 새 형태(honorem)가 도입되어 존재한다.〉〈유추〉변화는 언어에 대한 역사적 실수, 오류로 생긴 것이 특성이다. honos는 역사음성학으로 정당화된다. 유추로 honor가 설정되면, honos의 존재 근거는 무시되는데, 이것이 틀린 유추이다. 더욱이 honos와 그 외의 다른 사례를 통해 살펴볼 수 있듯이, 음성변화는 우선 다양한 형태 생성의 원인(honos, honorem)으로 역할한다. 그런데 유추는 이와 반대 방향으로 형태를 통일시키는 역할을 한다(honorem, honor).

grand, grande  (유추형. 남성과 같이 여성도

grand여야 한다)[5]

froid, froide  정상적인 형태로 인정

오랫동안 trover는 다음과 같이 활용되었다.

il treuve <sup>그는 찾는다</sup>

nous trouvons <sup>우리는 찾는다</sup>

ils treuvent <sup>그들은 찾는다</sup>

(강세를 받은 모음 o는 eu가 되었고, 무강세 o는 ou가 되었다.[6]) 지금은 유
추에 의해 je trouve, il trouve로 활용한다. 음성변화로는 설명할 수 없는
〈변화〉이다(이와 반대로 il pousse, nous poussons은 pulsare[7]를 참조하면, 음
성적으로 설명이 가능하다. 유추는 아무 상관이 없다).

il aime <sup>그는 사랑한다</sup>　　(amat에서. 음성변화이다.)

nous aimons <sup>우리는 사랑한다</sup>　　(amamus에서. 음성적으로 nous

　　amons이 되어야 한다. 마찬가지로

　　aimable이 아닌 amable이 되어야.)[8]

---

5　고대 프랑스어에서 grant는 남성형과 여성형이 같다. grand-mère(할머니) 참조. 남성 φ : 여
　성 -e에 대한 유추로 grand-grande가 되었다.
6　3군동사는 대부분 단수 1, 2, 3인칭과 복수 3인칭은 강세 어간이고, 복수 1, 2인칭은 무강세
　어간이다. je peux, nous pouvons. trouver는 두 가지 어간을 가지고 있다가 1군동사에 대한 유
　추로 단일 어간으로 평준화되었다.
7　pulsare > pousser(밀다). pouls(맥박), pulsion(박동)에서 교체형을 볼 수 있다.
8　단수 1인칭은 강세 어간이므로 ai-로 변하나, 복수 1인칭 amóns은 무강세 어간이므로 a-
　가 그대로 유지된다. 하지만 이 형태는 다른 활용형 aime, aimes에 대한 유추로 강세 어간
　aim-이 되었다. aimable(사랑스러운)도 유추형이다. 하지만 amant(연인) < amer, amour <
　amor(사랑)에는 약세형이 남아 있다.

그리스어에서 예를 인용해 보자.

그리스어에서 모음 사이에 있던 선사시기의 s는 소실되었다. 그래서 εσο<sup>나는 있었다</sup>는 εο가 되었다(ἐπαιδεύου<sup>너는 양육되고 있었다</sup> = ἐπαιδευε(σ)ο). 하지만 모음 동사의 모든 아오리스트 형태에는 s가 모음 사이에 있었지만 그대로 잔존했다. ἔλυσα<sup>풀어주었다</sup>. 이 형태는 ἔτυπσα(자음 뒤의 σ는 탈락하지 않았다) 같은 형태(여기에는 아오리스트 σα에 대한 흔적이 남아 있다)에 대한 유추로 만들어졌다.

독일어

Balg<sup>은신처</sup> : Bälge    Gast<sup>손님</sup> : Gäste

의 원래형은 다음과 같다.

복수 Bälge, Gäste는 완전히 〈음성적인 것이고,〉 단지 두 형태 gast – gasti – gäste가 전수된 것〈으로 설명된다〉. 그러나 다른 많은 독일어 단어(단음절어!)를 조사해 보면, 이와 같은 방식으로 복수형태를 설명할 수 없다.

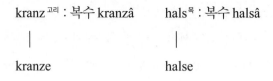

kranz <sup>고리</sup> : 복수 kranzâ          hals <sup>목</sup> : 복수 halsâ

kranze                    halse

그런데 오늘날 형태는

kränze   및   hälse이다!

이 복수형태는 유추 과정에 의해 형성되었다. 〈유추현상에 포함되는 사
례는 모두 정해진 것이 아니다. 예컨대 이 복수 중 몇몇 경우는〉 어떤
이유로 유추에 저항하여 그대로 남아 있다.

Tag <sup>날</sup>   :   Tage

Salz <sup>소금</sup>   :   Salze

독일어에서 가져온 <u>곡용</u> 사례 :

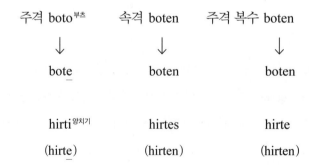

주격 boto <sup>부츠</sup>      속격 boten      주격 복수 boten

↓                  ↓                  ↓

bote               boten              boten

hirti <sup>양치기</sup>          hirtes              hirte

(hirte)            (hirten)            (hirten)

bote – boten – boten이란 형태는 규칙적 음성변화로 생겨난 것이다. Hirti〈[연필로] i → 0〉가 hirte로 변한 것이 아니라, hirte는 bote에 대한 유추로 생겨났다. hirte가 단수 주격에서 복수 hirte와 동일해지자 hirte의 곡용은 유추에 의해 모두 bote의 곡용을 따랐다. 〈유추변화를 일으킨 격은 중요하지 않다.〉 주지하다시피 실제로 (예컨대 honos, honorem에서) 사격이 주격 hirte만큼이나 큰 영향을 미쳤다. 종래까지 있던 형태와 다른 형태의 전체 범주를 만들어 내려면, 두세 사례면 충분하다. 예컨대 독일어 약동사〈= 규칙〉 lebên살다, habên가지다, salbôn기름붓다, lobôn칭찬하다을 보자. 고대 고지 독일어에서(만 오직!) 모든 약동사는 현재 단수 1인칭에 m이 있었다. ich habêm나는 가진다, lebêm나는 산다, lobôm나는 칭찬한다 등 이 m은 어디서 유래하는가? 그리스어 μι 동사와 유사한 몇몇 동사 bim나는 이다, stâm(stehe나는 서 있다), gêm나는 간다, tuom나는 한다에서 유래한다. 이 어미에 대한 유추 때문에 고대 고지 독일어의 약동사 전체(lebên 등) 모습은 이상하게 변했다. 〈여기서 유추는, 음성변화로 확립된 언어상태를 깨트린 것은 아니고, 단어형성 방식에 영향을 미쳤다.〉

그리스어의 예

| 능동 완료 | 중동 완료 |
| --- | --- |
| πέφευγα나는 도망쳤다 | πέφυγμαι나는 고발되었다 |
| πέφευγας | πέφυκσαι |
| ...... | πέφυκται |
| πεφεύγαμεν | πεφύγμεθα |
| πεφεύγατε | πέφυχθε |

중동태에서 α($\pi\acute{\epsilon}\varphi\epsilon\upsilon\gamma\underline{\alpha}$)는 소실되었지만, 많은 사례에 남아 있다는 것 (호메로스!)은 그것이 원래는 중동태나 능동태에도 있었음을 보여 준다. 그러면 이 α는 어디서 생겨난 것인가? α는 1인칭에서 인칭어미로 사용되었고, 그 후 유추에 의해 직설법 완료의 패러다임 거의 전체에 퍼졌다. 〈이 사례는 주목할 만하다. 그것은 어간에 부착된 굴절현상을 보여 주기 때문이다. 하지만 그 반대 경우가 더 빈번하다. 일반적으로 단어 분석은 굴절요소를 증가시키는 경향이 있는데, 이 분석이 유추변화로 표현되는 것을 뒤에 가서 볼 것이다.〉

근대 독일어에서

werden<sup>되다</sup> - <u>ward</u>, 〈복수〉<u>wurden</u><sup>되었다</sup> - geworden

〈과거시제의〉이 두 모음 a, u는 오늘날에도 이 동사에 여전히 남아 있지만, 과거에 그렇게 굴절했던 다른 동사에는 흔적이 남아 있지 않다.

helfen<sup>도와주다</sup> - <u>half, hulfen</u>
sterben<sup>죽다</sup> - <u>starb, sturben</u>

오늘날 굴절은 다음과 같다.

helfen - half, halfen
sterben - starb, starben

halfen, starben은 유추로 생겨난 형태이다. 이 유추는 tragen<sup>나르다</sup>에서 유래하는데, 이 동사의 과거시제에서 모음은 변치 않았다. truog, truogen 처럼. 이 유추현상이 눈덩이처럼 불어나 helfen, sterben 같은 동사에도 확산되었다. 게다가 모든 강동사(=불규칙동사)에도 이 유추가 영향을 미쳤다.

독일어의 다른 사례를 보면,

중기 고지 독일어 stîgen<sup>오르다</sup> - steig, stĭgen - gestĭgen

은 다음 형태

중기 고지 독일어 heizen<sup>데우다</sup> - hiez, geheizen

에 대한 유추로 steigen이 되었고, steigen과 heißen의 형태 차이가 없어졌다. 더욱이 음성변화 î → ei(wîn → wein<sup>포도주</sup>)는 이 유추변화를 예비하고 있었다. 동사 sceiden<sup>분리하다</sup>은 gesceiden으로 활용했는데, 유추의 4항 비례식에 따라 steigen 활용 부류에 속해 버렸다.

$$steigen : gestiegen = scheiden : x$$
$$x = geschieden$$

라틴어에서의 다른 사례로,

septentrio<sup>북쪽</sup>, septentrionis에서 형용사 septentrion/-ālis<sup>북쪽의</sup>가 형성되었고, meridies<sup>남쪽</sup>에서 meridi/-ālis<sup>남쪽의</sup>가 파생되었다. 그러나 락탄티우스<sup>9</sup>의 작품(후기 라틴어)에서, septentrionalis의 모델에 따라 만들어진 유

추형 meridionalis<sup>남쪽의</sup>를 볼 수 있다.

$$\langle \text{septentri} \boxed{\text{ōn}} - \boxed{\text{ālis}}$$

$$\text{meridi} \boxed{\text{onalis}} \rangle$$

라틴어에서는 이 단어가 잘못 분석되었다. onalis를 septentrionalis의 접미사로 간주했고, 이 모델에 따라 기저 meridi-에 -onalis 전체를 부착시켰다.[10] 〈이는 위에서 살펴본 그리스어의 반대되는 사례인데, 그리스어에서는 굴절요소가 어간과 융합된 것이지만, 여기서는 어간 일부가 어미와 융합되었다.〉

　　그리스어의 다른 예를 보면,

　　그리스어 제3곡용 〈복수〉 여격은 εσσι이다.

$$\pi\rho\alpha\sigma\sigma\text{ο}\nu\tau\text{-}\varepsilon\sigma\sigma\iota$$

$$\delta\alpha\iota\mu\text{ο}\nu\text{-}\varepsilon\sigma\sigma\iota^{\text{신들에게}}$$

물론 εσσι는 기존에 사용된 형태(에 대한 유추)로 생겨났다. 예컨대 ἔπος<sup>말</sup>(ἔπεσος의 두 모음 사이에서 σ 탈락)는 규칙적으로 복수 여격에서 ἔπεσ-σι가 되었다. σι를 어미로 생각하지 않고, εσσι를 어미로 간주했고, 이를 다른 어간에도 첨가시켰다. ἔπε-][σ-σι처럼 말이다.

---

9　Lucius Lactantius(250~325). 초기 기독교 신학자. 주저로 『신학강론』(*Institutiones Divinae*)이 있다.

10　-alis는 관계나 귀속을 의미하는 접미사이다. nation과 national의 관계 참조.

이러한 사례들에 의거해서 논의 중인 유추현상의 성질을 연구할 수 있다. 유추변화라고 해야 할까, 유추창조라고 해야 할까? 유추는 3인이 등장하는 드라마이다.

1. 〈당시까지〉 전수된, 적법한 상속자

2. 경쟁자

3. 인간집단: 경쟁자를 생성한 형태들

honos, honor의 유추변화를 논의할 때, honor를 적법한 유형 honos의 변화형〈으로 간주했다〉. 〈honos는 주요 경쟁의 대상을 제공했고, 친근관계에 가장 큰 역할을 했다. 그래서 honor는〉 〈honos의〉 형태변이métaplasme가 된다. honor의 생성에 별 역할이 없던 유일한 형태〈는 honos였다!〉. honor란 형태를 최초로 유도한 심리 과정의 근저를 살펴보면, 이 유추창조의 근본 조건은 당시까지 존재하던 적법한 형태를 〈일시적으로〉 망각하는 것이 확실하다. 계승형은 새로운 유형의 어형 창조에 관여하지 않는 유일한 형태이다. 변형transformation이라고 할 수 없는 것은 〈소위 이 변형이 일어나는 시기에 최초의 형태가 의식에 부재하기 때문이다.〉 실제로 이것은 창조이며, 이상형질paraplasme로서, 〈다른 형태와 병존하는〉 경쟁어이다.

유추현상의 도식:

1. honos // 2. honor  ←  3. honoris, oratoris, orator
　　　　　　(이상형질)　　　(생성군)

이 경우에 적법 형태는 〈계속 존재한다〉. 대부분의 경우, 이 드라마는 단 2막으로 완결된다. 원시형은 결국은 사용되지 않고 사라진다. 동일

한 것을 의미하는 두 형태는 불필요하기 때문이다. 등가형이 창조되면
경쟁형은 사라진다. 그러면 유추 과정은 종결되는데, 이것 때문에 변형
이 일어난 것으로 착각한다.

$$\downarrow$$

I  1. ἔλυα   // 2. ἔλυσα[11]  ← 3. ἔτυπσα<sup>놀랐다</sup>

II  (1. ---)   // 2. ἔλυσα

마찬가지로

$$\downarrow$$

I  1. dolōs   // 2. dolor<sup>고통</sup>  ← 3. doloris, oratoris, orator<sup>웅변가</sup>

II  (1. ---)   // 2. dolor

〈음성변화에서처럼〉 유추변화에서 확인하는 것은 계승이며, 이 함정 때
문에 양쪽에 변형이 있는 것으로 생각하고 다음 평행관계를 설정한다.

A. honosis ⎫
           ⎬ 음성변화 ⎫
B. honoris ⎭          ⎬ 변화의 유類개념
A. honos   ⎫          ⎭
           ⎬ 유추변화
B. honor   ⎭

---

11  ἔλυα는 λύω(풀어 주다)의 직설법, 아오리스트, 단수 1인칭 형태이며, ἔλυσα는 '풀어 주었다'
   의 뜻이다.

음성변화에서는 B의 형태가 A의 동일 형태를 대치하는 것이다. 이것은 동일한 하나의 형태이며, 두 개의 별개 형태가 아니다. 〈따라서 그것은〉 변형이다. 유추변화에서는 〈한 형태를〉 다른 형태로 대치하거나 전이하는 것이 아니다. honos와 honor를 이들의 도식에서 직접 계승형으로 배치할 수 없다. 독립적인 〈두 사실을 상대로 하기 때문이며〉, 잔존하는 dolos와 나란히 dolor〈(honor)〉가 출현하고, dolos는 후에 소실한다. 그 나머지 현상은 제1막처럼 그 자체로 완결된다. 무슨 일이 일어났는지를 기술하기 위해 고래의 형태에 신경〈쓸 필요가 전혀 없다.〉 dolor가 출현하는 시기에는 전혀 변화가 없다. 〈dolor가〉 교체하려는 형태가 없기 때문이다. dolos의 소실도 그 자체로는 독립 사건이며, 변화가 아니다. 〈결론: 유추현상의 여러 단계를 고찰하면, 그 어느 단계에서도 변화를 포착할 수 없다.〉 ✿ 따라서 유추변화에서는 첫 번째 형태의 소실 여부를 떠나서 새 형태를 창조〈하고 혁신〉한다. 이러한 종류의 유추현상은 변화가 아니라 창조라는 것을 여실히 보여 준다.

독일어 Frau<sup>부인</sup>에서 Fräulein<sup>아가씨</sup>을 〈파생시키는〉 것처럼 〈모든 명사로부터〉 축소사를 끌어낼 수 있다. 처음에는 어느 작가가 Elephantlein을 축소사로 생각하고 쓸 수 있다. 마찬가지로 프랑스어 pension<sup>연금</sup>에서 pensionnaire<sup>연금수령자</sup>, reaction<sup>반응</sup>에서 reactionnaire<sup>반동분자</sup>, mission<sup>사명</sup>에서 missionnaire<sup>선교사</sup>가 파생되는데, 어떤 사람이 최초로 정당을 가리켜 interventionnaires<sup>개입주의자</sup>, repressionnaires<sup>억압주의자</sup>라고 말하면, 이 과정은 앞에서 honor를 생성한 것과 같은 과정인지를 질문할 수 있다. 분명한 것은 다음의 공식이다. 즉

$$\text{mission} : \text{missionnaire} = \text{répression} : x$$

$$x = \text{répressionnaire}$$

여기서 변화로 부를 핑계가 있는 것인가? 없다. répressionnaire 이전에는 〈그와 유사한 등가어가 없었기 때문이다.〉 répressionnaire가 교체한 단어는 없으며, 창조된 유추형만 있다. finals<sup>최종의</sup>은 사전<sub>辭典</sub>에 규정된 복수형인데, finaux도 볼 수 있다.[12] 또 한편 어느 작가가 〈후에〉(firmament<sup>창공</sup>에서) 형용사 firmamental과 복수형 firmamentaux를 만들어 낼 가능성도 있다. 그러면 final – finaux는 유추변화이고, firmamentaux는 유추창조라고 해야 할까? 그렇지 않다. 두 사례는 모두 유추창조이다.

    mur<sup>벽</sup> : emmurer<sup>유폐하다</sup>의 〈모델에 따라〉 tour<sup>탑</sup> : entourer<sup>둘러싸다</sup>(최근 파생형)와 jour<sup>낮</sup>: ajourer<sup>구멍을 내다</sup>(예컨대 un travail ajouré<sup>채광작업</sup>)가 만들어졌다. 우리로서는 이들은 창조형이다. 하지만 이전 시기에는 en–/contourner와 ajourner(tour, jour는 과거에는 torn, jorn이었다)로 말했다면, 창조형으로 부르던 〈entourer, ajourer〉는 contourner<sup>우회하다</sup>, ajourner<sup>연기하다</sup>와 대립하며, 오히려 우리 관습대로 변화한 것처럼 보인다. 이 사례들이 보여 주는 것은 1) 유추변화 〈개념〉의 상대성 : 변화는 없었지만, 필요 없는 사항을 고려한다. 또한 2) 이 견해가 틀렸다는 점이다. 변화형태도 창조와 동일한 원리에 근거한다. 따라서 유추현상에서는 창조형, 혁신형(새로이 창조되는 것)만 봐야 하며, 이들이 무에서 생성되는 것은 아니지만, 그 모든 요소는 문예작품이나 예술작품처럼 이미 주어져 있던 것들이다. 그렇지만 어떤 의미에서〈오직 한 가지 의미에서만〉 유추현상은 언

---

12 복수형 –ls는 음성변화로 –aux가 된다. bels > beaux(아름다운). 그러나 소수의 단어에서는 –ls가 그대로 남아 있기도 하며, 두 개의 변이형이 존재한다. 예컨대 finals, finaux. 전자는 일반 대중이나 작가가 사용하고, 후자는 언어학자나 경제학자 들이 선호한다.

어변화로 불릴 수 있다. 언어<sup>랑그</sup> 전체, 언어보고<sub>寶庫</sub> 전체에 대해 말하는 경우에만 그렇다. 언어에 대한 일반적 관점에서 볼 때, 유추창조는 〈사실상〉 언어변화를 초래한다. 무엇인가가 새로이 창조되고, 무엇인가가 소멸되기 때문이다. 이 경우에, 언어진화〈를 얘기할 때〉, 유추현상은 언어를 변화시키는 힘이라고 말할 수 있다. 물론 유추의 창조형이 변화형은 아니지만 말이다! 만일 언어진화를 총체적으로 살펴보면, 유추가 음성변화만큼이나 중대한 영향을 미친다는 것을 인정할 것이다.

지금까지 우리는 유추현상을 음성변화의 개념과 분리하여 그 임무의 부정적인 면을 살펴보았다. 이제 긍정적인 면을 제시해 보자. 그 제목은

## §2
## 유추, 언어창조의 일반적 원리[13]

로서 아무 혼동 없이 살펴보자.

심리현상을 다룬다는 것을 알려고 여러 견해를 선별해서 볼 필요는 없다. 이의가 전혀 제기되지 않기 때문이다. 〈하지만〉 이참에 유추변화가 아니라 유추혁신, 즉 창조의 특성을 강조해야겠다. 〈유추를 화자의 의도로〉 제안한다면, 그것은 사실상 심리 전체를 잘못 표상하는 것이다. 〈유추는〉 새로운 형태의 출현을 위해 고래<sub>古來</sub>의 형태를 잠시 망각하는 것을 전제로 하므로 대립, 변경 같은 것은 없다. 음성현상 자체

---

13† 처음에 소쉬르 선생은 제목을 '언어의 창조활동으로서 유추'로 제시했다. 후에 이를 지금의 제목으로 변경했다.

도 역시 때로는 심리적인 것으로 간주되었다(모방, 유행과 동일시된 음성변화의 원인에 대한 해석 참조). 〈그래서〉 유추현상을 심리적인 것으로 보고, 음성변화 현상과 대립시키는 것으로 만족하면 위험스럽다. 이를 더욱 자세히 포착하여 유추에 의한 창조는 문법적인 것이라고 해야 한다. 다시 말해서 이런 종류의 모든 작용은 의식, 즉 형태들 간의 관계에 대한 〈이해〉를 전제로 하며, 이는 곧 이 형태를, 이 형태가 표현하는 관념과 함께 고려한다는 것을 의미한다. 그런데 의미, 개념은 음성현상에는 별다른 가치가 없다. 따라서 유추가 문법적이라면, 음성현상에 적용되지 않는 부가사항이 더 있다. 이는 이미 다음의 4항 비례식에 포함되어 있다. mur : emmurer = tour : entourer. 이들 형태가 의미를 통해 우리 마음 속에서 연합되지 않으면, 이 네 항의 조합은 쓸모가 없다.

선사 그리스어에서 연속되는 세 단모음을 지닌 형태는 다음처럼 변했다.

$$\left. \begin{array}{c} \varphi \breve{\iota} \lambda \breve{o} \tau \varepsilon ] \rho o \varsigma \\ \downarrow \\ \varphi \iota \lambda \tau \varepsilon \rho o \varsigma^{친우} \end{array} \right\} \text{음성현상}$$

여기에서는 다른 형태의 경쟁이나 〈단어의〉 의미의 경쟁이 없었다. 〈그어느 것도〉 내가 환기시킨 것이 없다. φιλοτερος가 φιλτερος로 바뀐 것은 순수히 단어라는 형체이다. 이와 반대로,

$$\breve{\alpha} \nu \varepsilon \rho \varepsilon \varsigma^{사람들} : \breve{\alpha} \nu \delta \rho \varepsilon \varsigma^{사람들} \} \text{유추현상}$$

위의 유추현상을 이해하려면, 다음과 같은 〈언어 내의〉 다른 〈경쟁형〉
을 반드시 취해야 한다.

$$\nu\upsilon\kappa\tau\tilde{\omega}\nu^{밤들의} : \nu\acute{\upsilon}\kappa\tau\epsilon\varsigma^{밤들} = \dot{\alpha}\nu\delta\rho\tilde{\omega}\nu^{남자들의} : x$$

$$x = \ddot{\alpha}\nu\delta\rho\epsilon\varsigma$$

유추현상에서는 모든 것이 문법적이다, 하지만 〈문법작용은〉 〈두 가지
측면을〉 구별해야 한다. 그것은 1) 〈비교하는 형태들 간의 관계에 대한
이해(생성시키는 창발적인 형태), 2)〉 이들이 암시하는 산물, 즉 비례식 x
에 해당하는 생성된 유발 형태이다.

$$\text{nous pousson : je pousse} = \text{nous trouvons} \longrightarrow \text{je trouve}$$

따라서 다른 종류의 두 단위〈즉 생성된 형태와 생성시키는 형태〉가 존
재한다. 생성된 형태 je trouve는 〈생성되기 전에 우선〉 〈내〉 마음에
있는 정확한 개념, 즉 단수 1인칭에 부응한다는 점을 지적하자. 'nous
poussons, je pousse' 같은 형태는 단지 잠재의식에서 생각되거나 감지
될 뿐이다. je trouve라는 형태만이 발화로 실현된다. 〈따라서〉 유추창조
형을 이해하려면, 발화행위를 상대해야 한다. 새로운 형태 〈je trouve〉
는 사전辭典을 논하는 학자 모임에서 만든 것이 아니다. 이 형태가 언어랑
ㄱ 내에 침투하려면 1. 누군가가 그것을 즉흥적으로 만들어 내고, 2. 발화
파롤, 담화 때에 즉흥적으로 사용해야 한다. 그 후에 이 형태를 사용하는
모든 사람들도 사정은 마찬가지다. 이 새로운 형태를 환기된 형태(실제

로 필요에 의해 발화로 〈유발된〉 형태)라 하고, 다른 형태는 환기시키는 형태로 부를 수 있다. 이 후자 형태는 발화에 표현되지는 않지만, 무의식적인 형태로 사고의 심연에 잔존하는 반면, 환기된 형태 〈je trouve〉는 밖으로 표출된다.

모든 언어현상, 〈특히 진화현상〉은 한편으로는 반드시 발화와 마주하고, 다른 한편으로는 사고 내의 형태나 사고에 의해 인지된 형태의 저장고와 마주한다. 새로운 형태를 창조하기 위해서뿐만 아니라 형태들의 관계를 이해하려면, 비교하는 〈무의식적〉 행위가 필요하다. 어떤 단어라도 그것이 마음 속에서 무언가를 표현하려면, 이 단어와 약간 다른 의미를 지닌 모든 단어와 즉각 비교하기 때문이다(facias<sup>너는 하기를</sup> : faciam<sup>나는 할 것이다</sup>, facio<sup>나는 한다</sup>). 말을 하려면 언어보고가 언제나 필요한 것이 사실이라면, 반대로 언어<sup>랑그</sup> 내에 이입되는 모든 것은 우선 발화<sup>파롤</sup> 내에서 수없이 시도하여 인상이 지속적으로 남아야 한다. 언어<sup>랑그</sup>는 발화에 의해 환기된 바를 승인한 것에 지나지 않는다.

우리 목전에 있는 이 언어와 발화의 대립, 이 대립은 인간언어 연구에 명확한 빛을 던져 주므로 매우 중요하다. 이 대립을 특히 감지 가능하고, 관찰 가능한 것으로 만드는 수단은 개인에게 언어와 발화를 대립시키는 것이다(언어가 사회적인 것은 사실이지만, 여러 가지 사정으로 이 언어를 개인에게서 관찰하는 것이 편리하다). 그러면 이 언어와 발화의 두 영역을 거의 손에 만질 듯이 명확히 구별할 수 있다.

담화가 필요할 때 특정한 행위를 통해 말하는 모든 것, 그것은 발화<sup>파</sup><u>롤</u>이다.

개인의 두뇌에 저장된 모든 것, 즉 〈듣고〉 사용된 형태와 그 의미를 지닌 저장고는 <u>언어<sup>랑그</sup></u>이다.

〈[연필로] 강의에 참석한 모든
사람은 나처럼 이해했을 것이다.
속기速記를 쓰는 카유까지도!〉

이 두 영역 중 발화 영역은 무척 사회적이고, 다른 영역인 언어는 거의
전적으로 아주 개인적이다. 언어는 개인의 저장고이다. 언어 내에, 즉
머리에 들어오는 모든 것은 개인적이다. 내적 측면(언어의 영역)에는 미
리 떠오른 생각이나 심지어 형태에 대한 숙고나 성찰은 없고, 무의식적
이고 거의 수동적인 행위를 제외하고는 발화행위와 발화〈의 계기〉를
벗어나 있다. 요컨대 그것은 비창조적 분류 행위이다. 새로이 생성되는
모든 것이 담화 때에 창조된다면, 모든 사건이 일어나는 곳은 인간언어
의 사회적 측면이다. 다른 한편, 언어를 소유하려면 개인적 언어보고 모
두를 취하는 것으로 충분하다. 사실상 개인의 내적심리적 영역에서 고려하
는 모든 언어적인 것은 사회적이다. 왜냐하면 외적 발화의 영역에서 모
든 사람들의 〈관용적 용법으로 승인받지 못한〉 것은 언어보고에 침투
할 수 없기 때문이다.

§3

내적 분류

개인에게 언어랑그를 구성하는 형태 집합이 각자의 두뇌에서 혼돈 상태
를 이룬다면 〈발화파롤와 인간언어랑가주는 생각할 수도 없다〉. 그래서 질서

나 분류의 필요성은 심리학을 내세우지 않더라도 선결 필요조건이다. 이 분류 차원의 첫째 요소로서 형태와 관념, 그리고 관념군 사이의 최초의 연합이 있다. 또 다른 연합으로 형태와 형태, 그리고 형태들 사이의 연합이 있는데, 이것 없이는 최초의 연합이 존재할 수 없다.

처음부터 일종의 망각에 빠져서는 안 된다. 〈마음이 어떤〉 형태〈와 다른 형태를 연합한다〉라고 말할 때, 그 형태는 관념을 지닌 형태를 의미한다.

$$\frac{\text{형태}}{\text{관념}} \quad \text{형태} - \text{형태} - \text{형태}$$

$$= \left(\frac{\text{형태}}{\text{관념}}\right)\left(\frac{\text{형태}}{\text{관념}}\right)\left(\frac{\text{형태}}{\text{관념}}\right)$$

이 두 표는 하나로 축약된다. 형태들의 전체 연합에서 의미는 제 역할을 한다. 물론 그것은 형태와 형태를 연합시킨다. chapeau<sup>모자</sup>, hôtel 같은 두 단어〈는 별개의 두 상자에 들어 있다〉. chapeau, chapelier<sup>모자 제조인</sup>는 그렇지 않으며, hôtel, hotelier<sup>호텔업자</sup> 〈또한 마찬가지이다.〉 〈여기서는 공통된 무엇을 감지하고, 이웃하는 비슷한 두 상자로 느낄 것이다.〉 동시에 이 연합으로 chapelier와 hotelier에 무언가 공통된 점이 있다고 〈느끼는〉 것만으로 끝나지 않고, 이 관계와 〈그들의〉 연합이 매우 〈다를 수 있다〉는 점도 알고 있다. 〈예컨대〉 chapelier와 hotelier의 관계는 chapeau와 chapelier의 관계, hôtel과 hotelier의 관계와 〈다르다는 것을〉 안다.

우리는 여기서 연합과 문법의 연계를 보게 된다. 〈—— 의식적이든 무의식적이든 ——〉 잘 구성된 연합을 모은 총합은 〈단〉 한 가지 점을 제외하고는 문법가가 하는 의식적이고 체계적인 분류에 〈상응하는〉 것이라고 주장할 것이다. 문법가는 단지 역사를 개입시킨다는 점만 다르다. 과거로부터 결과하는 이 형태군은 화자는 전혀 알지 못하지만, 문법가는 이 형태군을 가지고 별개의 두 영역을 설정한다.

1. 시간 흐름의 언어<sup>랑그</sup> 연구
2. 일정 시기의 언어<sup>랑그</sup> 연구

이 분류는 발화<sup>파롤</sup>에 늘 이용되는 질료인 언어소재의 보고가 될 것이다. 단지 이 내적 분류와, 발화에서 이를 이용하는 질서는 종류가 아주 다른 두 차원이 있다. 우리는 이를 다음 두 가지로 대조해 볼 수 있다. 그것은

1. 발화 내에 언어의 단위들이 갖는 배열과,
2. 언어 자체의 영역에 존재하는 주요한 분류군이다.

연합에서는

1. 형태들이 결집한다 : 〈단어란〉 단위는 또 다른 계열에 있는, 〈적어도 두 계열에 있는!〉 그와 유사한 요소들과 즉시 연합한다. 〈예컨대 quadruplex<sup>사중의</sup>는 내적 분류에는 고립되지 않고,〉 다음의 일차계열과 〈결집한다〉.

I

quadru ]pes<sup>네 발 달린</sup>

quadru ]frons<sup>네 머리</sup>

quadr ]aginta<sup>숫자 40</sup>

그리고 또 다른 계열과도 결집한다.

II

triplex <sup>삼중의</sup>

simplex <sup>단일한</sup>

centuplex <sup>100배</sup>

그 어느 것도 완전히 같지 않다(완전히 동일하다면 동일한 단어가 될 것이다). 하지만 계열로 묶어 비교하면, 단지 부분적 공통점이긴 하지만 형태와 의미의 공통성이란 이름하에서 비교할 것이다. 연합에서 비교는 기본적이다.

2. 가치를 고정시킨다: 언어는 두 계열의 유사한 요소들과 함께 형태를 변화시킬 때, 단어의 어느 부분이 상존하는지를 포착한다(계열 I에서 상존 부분은 quadr-이고. 계열 II에서는 -plex이다). 여기에서 단어의 의미 이해 가능성과 그 정확한 가치가 생겨난다.

3. (잠재의식의 작용을 통해) 일차자료를 비의지적으로 분석한다. 왜냐하면 잠재의식은 단 한 계열만 아니라 적어도 두 계열에서 언어자료 분석을 조정하기 때문이다.

　　유추에 의한 비교는 모두 차이를 비교하는 것을 의미할 수도 있다. 바로 여기에 문법가의 고유한 활동이 있다. 이처럼 해서 그는 하위단위의 의미를 분석해 내기에 이른다.

단위 A　　=　⟨(하위단위)⟩ a + b

(quadruplex)　=　(quadr + plex)

우리는 임의로 단어란 단위에서 출발했지만, 문장 단위에서 출발할 수도 있다.

이 단어란 단위가 어떻게 하위단위를 만들어 내는지 잘 알려져 있다. 만일 cupiditatem<sup>탈욕</sup> = 단위 A가 고립된 채 별개로 있다면, 일정한 가치가 없을 것이고, 하위단위로도 분석이 불가능하다. 이것이 분석 가능하려면, 그 메커니즘은 앞의 것과 동일해야 한다. 상수요소와 가변요소를 비교해야 한다. -tatem은 하위단위로 간주될 수 있지만, 〈다른〉 형태와의 비교를 통해서 -tatem을 재분석해야 한다.

veri/tatem<sup>진리</sup>               pāc/em<sup>평화</sup>

vani/tatem<sup>허영</sup>    -tatem    lēg/em<sup>법의</sup>    -ĕm

alacri/tatem<sup>활기14</sup>

이제 하위단위가 -tāt-라는 것을 알 수 있다, cupidi/tatem과 cupidi/tatis를 비교하면, 이와 동일한 결론을 내릴 것이다. 이들을 비교하기 전에는 cupiditatem을 글자 하나씩 썼지만, 이들을 비교한 후에는 cup-idi-tat-em처럼 하위단위로 분석할 수 있다. 단어의 의미가 고정된 것은 이 단어가 의미 일부를 공유한 유사 단어들로 에워싸여서 일련의 하위단위들을 제공하기 때문이다. cup-은 다음 요소와의 비교를 통해서 cupidi-에서 분석되어 나온다.<sup>15</sup>

---

14  여기서 라틴어 예들은 모두 대격이다.

15  명사 cupido에 상태·속성의 접미사 tās가 결합한 추상명사. 주격 cupiditās, 속격 cupiditātis, 여격 cupiditātī, 대격 cupiditātem.

cupio<sup>욕망하다</sup>와
cupido<sup>욕망</sup>

각 단어 모두 다수의 유사한 단어 계열의 교차점에서 발견할 수 있다.

모양이 바뀔 수도 있지만, 이 별표는 단어 분석에 언제나 필수적이다.

또 다른 〈계열을〉 찾아볼 수 있다. 단어 내의 여러 부분에 대한 언어의 식을 〈제공하는〉 것은 이 형태들의 〈비의지적〉 조합이다.

언어<sup>랑그</sup>는 의미로만 〈연관된〉 형태들을 연합시키는가? 예컨대 언어가 regibus와 hostibus를, lupis와 filiis[17]를 연합시키듯이 regibus와 lupis를 연합시키는가? regibus와 lupis의 기능은 동일하지만(이 두 단어는 복수 여격〈과 탈격〉이다), 형태 자체는 비교의 여지가 전혀 없다. 우리가 살펴보았듯이, 늘 예로 든 비교에서 단어 내에서 구별한 것은 다음과 같다.

16  종적 계열은 lego의 계열체이고, 횡적 계열은 동사 직설법 복수 1인칭의 연합이다.
17  차례대로 rex(왕), hostis(적), lupus(늑대), filius(아들)의 복수 여격, 탈격이다.

| 의미와 형태의<br>변이 요소 | 의미와 형태의<br>상수 요소 |
| --- | --- |

예컨대

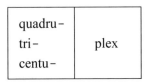

이것이 우리가 단어를 비교한 기반이다. 연합은 언제나 두 요소〈(변이/
상수 요소)〉에 대한 지적 판단을 전제로 한다. regibus와 lupis의 연합은
전혀 다르다. 그것은 일원적 연합이다. 이 연합은 언어에도 있는가? 〈예
컨대

> dominus<sup>주인이</sup>
> domini<sup>주인의</sup>
> domino<sup>주인에게</sup>

같은〉 문법가의 계열표<sub>paradigme</sub>는 다음 계열을 형성하는가?

> veritatem<sup>진리</sup>
> facultatem<sup>능력</sup>
> 등

그것은 계열을 형성하기도 하고, 형성하지 않기도 한다. 문법가들이 만드는 계열표

$$\text{dom}\underline{\text{i}}\text{nus}$$
$$\text{dom}\underline{\text{i}}\text{ni}$$
$$\text{dom}\underline{\text{i}}\text{no}$$

는 단지 〈차이의〉 관점에서, 즉 어미 us, i, o에 근거해서만 만든 것이다. 언어가 dominus, domini, domino를 비교하는 것은 의미와 형태의 항정 요소

$$\boxed{\text{domin}} \,\Big|\, \text{us}$$

를 발견하기 때문이다. 어미 계열 us, i, o가 연합군을 형성하는지를 질문한다면, 정상적인 이원적 연합과는 달리 일원적 연합이다.

　단어의 비교는 단어의 분석에 이르고, 〈이 단어 분석에서〉 〈언어의식에 감지되는 요소들이 생겨난다〉. 때로는 어간, 때로는 접사 등이다. 언어<sup>학</sup>에는 어간, 접사 등의 명칭은 없지만, 이 차이에 대한 의식이 있고, 그 용법은 거부할 수 없다. 유추형성은 언어의 이러한 비교 분석을 보여 주는 증거이다. 하지만 이 모든 단위의 기능상의 차이도 이해해야 한다. 이들 단위 중 어떤 것은 언어의식에 비교적 잘 감지되지 않지만, 어떤 것은 매우 잘 감지된다. 이 단위들의 목록은 어떤 것이고, 그 변이형은 무엇인가? 이 주제에 접근하려면, 언어의 여러 단위에 무엇인가를 추가해야 한다는 점을 깨닫는다. 위에 지적한 결집 비교를 통해 언어가

'signifer<sup>기수</sup>' 내〈에 있는〉단위들을 인지한다면, 그 후 언어는 새로운 단어 fer-signum<sup>지나다-표지</sup>을 구성할 때는 이들 단위를 지적하지 않을 것이다. 실제로 단위들 이외의 다른 무엇이 이 비교에서 생겨나는데, 그것은 요소들의 순서, 연속, 연쇄이다. 단어 내에 하위단위의 순서 문제는 문장 내에 단어의 위치 문제와 정확히 관련된다. 그것이 접미사라더라도 이 문제는 통사론에 속한다. 이 통사론은 종류가 다르지만, 문제는 여전히 똑같다. 모든 통사론은 아주 기초적인 원리로 귀착되며, 이를 언급한다는 것은 좀 유치하다. 그 원리는 언어의 선조성이다. 다시 말해서 언어의 두 요소를 동시에 발화하는 것은 불가능하다는 원리이다. 이러한 이유로 모든 형태는 선후가 있다. 이 원리는 사물의 본성에 주어진 것이다. 단어를 〈계기적 부분들로 구성된, 단일한 선으로〉 표상할 수 있다,

이는 〈발화 영역에서뿐만 아니라 두뇌의〉 내부에서도 〈그렇다〉, 〈이 두 영역에서〉 두 종류의 관계에 상응해서 순서가 두 가지 〈있다〉. 한편으로 담화적 순서로서, 이는 〈반드시〉 〈문장이나 단어 내(signi-fer)의〉 각 단위들의 순서이다. 다른 순서는 직관적 순서로서 〈선형체계에 속하지 않는 연합의 순서(signifer, fero<sup>지나다</sup> 등)이며, 마음은 이를 단번에 포착한다〉. 〈고립〉 형태는 시간과 연계되어 있다. 즉 그것에는 시작과 끝이 있다. 발화 선상의 어느 동일 지점에서 두 요소를 동시에 결합할 수 없다.

(fer-signum

signifer)

모든 관계의 범주는 이 원리에 의존하며, 그 관계의 대부분은 통사론에 속한다. 언어는 단위 그 자체뿐만 아니라 순서도 분석을 통해 분리해 낸다. 형태는 한순간도 의미를 벗어나서는 감지되지 않는다〈는 사실 때 문이다〉. 이처럼 <u>필수적으로 중요한 문제는</u> 어간, 접미사 등과 같은 것을 지각하는 것과도 긴밀하게 관련된다.

　　〈요약: 유추는 창조적이지만, 그 이전에 수용되어 저장된 언어소재 를 분류를 통해 조직하는 힘을 지닌다. 이 분류는 〈화자의〉심적 판단에 선결하지만, 필요한 전체 조작활동으로서, 화자가 수용한 것을 해석한 다. 바로 이 〈[연필로] 적극적, 두 번째 강의, p.101 하단<sup>리들링제 노트의 쪽수, 원서 p.59/한국<br>어판 107쪽</sup> 참조〉 해석작용 덕택에 언어소재들이 발화할 때에 어떤 식으로든 이용된다. 이 언어소재의 분류는 단어와 단어보다 작은 단위들의 분석 으로 이어진다.〉

세 가지 예비적 고찰:

1. 〈언어학에서〉 접미사가 존재하는지의 여부를 물을 수는 없다. 이는 의미가 없는 질문이다. 단지 그것이 〈화자의〉 언어의식에 존재하는지 는 물을 수 있다. 어떤 언어요소의 존재 유무는 화자가 그 요소에 부여 하는 가치〈순수 의미〉를 가지며, 앞에서 뒤로나 또는 그 반대 방향으로 다른 요소와 경계가 구분된다는 것을 의미한다. 〈그러나 가상의 단어 avaker 자체는 논리적인 가치도 심리적인 가치도 없다. 어떤 근거에서 -aker가 아니라 -ker를 언어요소로 취할 것인가?〉

2. 과거에 어떤 언어요소가 존재했다는 것도 역시 의미가 없다. 〈역사 는 신경을 쓰면 안 된다.〉 실제로 화자는 자신의 언어상태에 선행하는 이전 상태는 전혀 모르기 때문이다. 역사적인 여러 조건에 따라 언어 가 어떻게 〈변할지는〉 예측할 수 없다. 예컨대 독일어에서 drittel<sup>3분의 1</sup>,

viertel[4분의1], fünftel[5분의1]은 단지 접미사 범주로만 분류할 수 있지만, 선행 역사에 따르면 -teil은 그저 접미사에 불과한 것이 아니다. 마찬가지로 그리스어에서 hippos[말], lykos[늑대]와, 다른 한편 phylaks[경비]가 있다. 역사적으로 분석하면, 모두 이처럼 분석된다.

hippo-[s,    lyko-[s,    phylak-[s

다시 말해서 주격에서 어간에 어미 -s가 첨가된다. 그런데 화자가 어떤 이유에서 실제 분석한 것〈은〉 hipp-os〈였다〉. 하지만 phylaks에 의거해서 s를 분리할 수 있다.

phylak-[s
phylak-i
phylak-es

3. 그렇지만 역사적 관점에 대한 반작용으로 반대 방향으로 지나치게 나아가 어간, 접미사 등이 언어에 실제로 존재했다는 것을 부인하고, 이 모든 것을 추상적 문법범주로 분류한 사태가 벌어졌다. 중요한 것은 언어 자체의 분류와 문법가의 문법적 분류가 어느 정도로 서로 일치하는지를 〈알아야〉 하고, 또 화자의 언어의식 속에 이들 단위가 정말 어느 정도로 확실하게 존재하는지를 알아야 한다는 것이다. 이 첫 번째, 두 번째 사항은 단어 이하의 하위단위를 탐구하면 〈세 번째 사항으로〉 요약·정리된다.

## (1) 접두사

프랑스어에 접두사가 있는가? 이 질문은 접두사가 과거에 있었던 것인지, 〈아니면〉 문법가들이 이를 구별한 것인지를 묻는 것이 아니다. 이들을 사용하는 프랑스어 화자의 언어의식에 〈현존하는가〉를 묻는 것이다. 그것은 분명히 존재한다. 프랑스어에는 당연히 접두사 re-가 있다고 말할 수 있다(refaire<sup>다시 만들다</sup>, recommencer<sup>재개하다</sup>, reprendre<sup>재취하다</sup>). 또한 단어보다 더 작은 단위도 프랑스어에 있다.

> dé- (défaire<sup>해체하다</sup>, décomposer<sup>분해하다</sup>, décharger<sup>짐을 내리다</sup>)
>
> in- (inconnu<sup>미지의</sup>, indélicat<sup>야비한</sup>, indirect<sup>간접적인</sup>)

이 현상에 직면해서 몇 가지 질문을 제기할 수 있다.

첫 번째 질문. 접두사가 언어의식에 살아 있다는 절대적이고 결정적인 증거는 무엇인가? 그것은 유추창조이다. 사람들이 한 번도 들은 적도 없이 redémissionner<sup>재사임하다</sup>, recontempler<sup>재고하다</sup>란 단어를 구성하기 때문이다(사전에 근거해서 re-를 붙일 수 없는 단어 앞에 붙이는 모든 re-를 참조!).[18] 깊이 숙고하〈지 않〉고서 recontempler 등을 말하〈지 않으〉려고 했는데도 발화에서 사용된다. 따라서 이 접두사는 언어의식에 현존하는 것이다.

두 번째 질문. 프랑스어는 어떻게 해서 접두사 re-, de-, in-에 대한 감각을 가졌는가? re-만을 분석해서 분리단위로서, 단독으로 사용된 적

---

18  venir(오다)-aller(가다) 단어쌍에서 revenir(돌아오다)는 가능하나 re-aller (raller)는 불가능하다.

이 없다. 여기에 우리가 말한, 언어요소를 비교하는 유추 절차가 개입한다. re-를 프랑스어에 귀속시킬 수 있는 것은 일련의 여러 단어 계열이 있기 때문이다.

$$faire \quad refaire \quad défaire$$
$$commencer \quad recommencer$$

세 번째 질문. 프랑스어에서 다음의 단어들

entier<sup>전체의</sup>　(유래 : in]tegrum　= 흠이 없는)

enfant<sup>어린아이</sup>　(유래 : in]fans　　= 말하지 못하는)

enceinte<sup>임신한</sup>　(유래 : in]cincta　= 허리띠가 없는)

를 보면, 프랑스어에 접두사 〈en-이〉 〈있는 것인가〉? 언어사가들이 기대하는 것과는 반대로 여기서 en은 접두사가 아니다. 〈어떤〉 프랑스어 화자도 이 계열의 단어를 비교하면서 en-을 접두사로 의식하지 못하기 때문이다.[19]

　〈프랑스어〉 접두사 in-(inconscient<sup>무의식의</sup>, indomptable<sup>불굴의</sup> 등)은 〈모두〉 식자어(대중어 en-)〈에서 유래하는데〉, 이 때문에 in-을 접두사의 가치를 가진 것으로 볼 것인가? 아니다. in-은 프랑스어에 편입되었으므로 대중어 기원의 접두사와 차이를 둘 필요가 없다.

네 번째 질문. inspiration<sup>영감</sup>, insuffler<sup>불어넣다</sup>, ingurgiter<sup>탐욕스레먹다</sup>나 그 외 단어

---

19　위의 예들은 파생어의 어원과는 의미가 전혀 다르다.

들을 제시하고, 〈형태의 관점에서 볼 때〉 접두사 in-은 당연히 inconnu 미지의의 접두사 in-과 〈동일한 것으로〉 지적할 수 있다. 그렇다면 in-(spiration)과 in-(connu)을 동일시할 이유가 있는가? 그렇지 않다. 프랑스어 화자〈에게〉 늘 존재하는 것은

$$\frac{\text{in-}}{\text{가치}}$$

(다시 말해서 in- 형태 + 가치, 의미)와

$$\frac{\text{in-}}{\text{가치}}$$

이다.[20] 어떤 순간에도 화자의 언어의식은 음성은 같아도 가치가 다른 요소들을 비교하지 않는다. 사례로 사용된 접두사들은 지나치게 유의미한 것임을 지적할 수 있다. 유의미성이 더 희미한 다른 접두사도 발견할 수 있다. 가치의미의 투명성은 같지 않다, 유의미성의 정도도 모두 동일하지 않다. 예컨대 séparer분리하다, séduire유혹하다, sélection선택에서 기존의 프랑스어 접두사는 어느 정도로 확실히 실재하는가? 이들이 의미의 투명성의 정도가 동일하지 않다는 것, 접두사의 경계 구분의 가능성도 다르다는 것도 원칙적으로 인정해야 한다. 유일한 절대 기준은 창조적

---

20  inspiration(<imspiratus<inspiro<in+spiro)의 in은 장소의 의미를 갖는 접두사이며, inconnu (<incognitus<incognito<in+cognito)의 in은 부정이나 박탈의 의미를 갖는 접두사이다.

유추를 통해 〈이 접두사가 만들어 내는〉 언어 관용·usage이다. 즉 프랑스어 화자가 새로운 단어 구성에서 이 sé-를 어느 정도까지 이용하는가이다. (re-가 없던 단어 앞에 이 re-가 항상 놓인다!) 그러한 접두사와 관련해서, 그것이 일정한 의미가 없거나, 단어 분석이 순수히 형태적으로 구별되거나, 〈다른 범주의 요소와 혼동되지 않는 요소라고 막연하게 의식할 수도 있다. 이 접두사가〉 언어에서 다소 분명하게 인지는 되지만, 일정한 의미는 없을 수 있다. 예컨대 독일어 entziehen빼앗다, entschlupfen탈주하다, entkommen달아나다에서 ent-는 프랑스어 re-와 거의 유사한 범주이다. 분리가 되지 않는 것 같지만, 유의미성의 정도, 형태적 명료성과 의미의 정도는 아주 분명하다. 또 다른 계열 ergeben바치다, erlernen배우다, erwarten기대하다, erziehen가르치다에서 er-는 독일어에서 유의미성의 정도가 훨씬 더 떨어진다. 독일어의 언어감각에 er-는 ent-와 동일 부류에 속하며(geben과는 다른 부류에 속한다), 독립 단어가 갖는 풍부한 의미는 없다. 그래서 언어는 접미사의 존재 여부에 대한 언어의식의 감도가 다르며, 〈이 언어의식의 척도에 따라〉 접두사가 해당 언어에서 실체를 갖는 것이다. 따라서 〈이 단위들은 단어와 거의 같은 정도로 잘 인지된다. 그러나 이 단위가 출현하는 순서는 그렇지 않다.〉 예컨대 프랑스어나 독일어에서 trouver-re, ziehen-ent 같은 단어는 볼 수 없다. 단어 이하의 이 단위들은 일정한 순서로만 배열할 수 있다. 왜 그런 것인가? 〈단어의 선조성線造性 때문에 그렇다.〉 단어는 [문장처럼] 처음과 끝을 갖지 않을 가능성은 없다. 단어 분석에서 언어는 일정 수의 단위만을 끌어낼 뿐만 아니라 이 단위들을 배치시키는 데 이용되는 절차도 끌어낸다. 언어의 선조성은 단어 내에서 단위들의 순서를 반드시 지켜야 하는 중요한 보증이며, 이 선조성 때문에 단어에는 처음과 끝이 필요하다. 즉 계기적 요소로 구성해야 할 필요가 있다.

그리하여 〈접두사는〉 반드시 어두에 온다는 사실이 확인되고, 화자의 언어의식에 어간으로 인지되는 부분 앞에 배치되는 것이 접두사의 속성이다. 〈이는 접두사의 유일한 속성은 아니지만, 주요 속성이다. 접두사가 점하는 위치는 문법가만 인지하는 것은 아니다.〉 언어의 잠재의식적 분석은 언어요소 자체와 가치, 단어 내에서 요소들이 일정한 순서로 배치되는 방식에도 근거한다. 〈접두사의 특성과 성질을 더 깊이 조사하면〉, 더욱 미묘한 영역에 들어간다. 〈우리는 문법을 연구하는 것도 아니고〉 문법가가 분석한 구별 사항을 논하는 것도 아니다. 우리는 논리적 분석보다는 심리적 분석에 더 몰두해야 하고, 깊은 성찰을 전제로 한 분석〈을 해서는 안 된다〉. 하지만 문법을 연구하지 않더라도 대부분의 경우, 단어에서 접두사를 분리하면 남는 나머지 부분이 있고, 이것은 그 자체로도 단위(예컨대 re-commencer)가 된다는 점〈을 화자가 의식한다는 사실〉을 관찰할 수 있다. 물론 항상 그렇지만은 않다(예컨대 sé-parer!).

접두사가 언어의식에 감지된다는 점에는 이의가 없다. 다시 말해서 〈다른 사례들을 관찰하면서 언어에 고유한 언어의식의 경계를 넘지 않으면〉, 유추에서 추상화된 접두사에 대한 언어의식은 언어에서 거부할 수 없다는 점을 우리는 잘 알고 있다. 그래서 접두사에 별도의 범주를 설정하는 것이다. 이 접두사 범주에 대한 논의를 접기 전에 다음의 단위군에서 반복되는 아주 중요한 사실에 주의를 기울이자.

〈접두사 re-를 살펴보았지만,〉 다음의

r-ouvrir다시 열다

r-acheter다시 사다

r-accompagner배웅하다

를 예로 들어 보면, 접두사는 re-가 아니라 단지 r-뿐이다. 마치

in-avouable고백하기 어려운

in-espéré 뜻밖의

의 예에서 in-이

inconnu (ẽ

in-)

의 접두사 in-과 다르듯이 말이다.[21]

하지만 음성적으로 볼 때, in-avouable에서 접두사 in-을 inconnu와는 달리 쓸 방도가 없다. 여기서도 음성교체 현상에서 지적한 바를 인정할 수 있다. 기원이 같은 〈두〉 형태는 〈그 위치 조건에 따라〉 〈두 가지〉 다른 모습을 취한다는 점이다.[22] 이 교체는 아주 다양한 역할을 한다. 교체는 여기서 최소의 유의미성을 갖는다. 언어는 〈뒤에 오는 것이〉 자음이냐 모음이냐에 따라 형태가 다르다. 기원상으로 볼 때 이 현상은 음성

21 in+모음은 [in]으로, in+자음은 [ẽ]로 발음된다.

22 in-은 위치에 따라 여러 형태론적 조건변이형을 갖는다. in-connu[ẽ], in-avouable[in], il-lisible[il], im-matériel[im].

적인 것이지만, 오늘날 프랑스어에서 e와 in, re-와 r-가 대립하는 방식
은 음성현상이 아니다.

자음 앞 re-

↓        regagner<sup>다시 찾다</sup> / rouvrir<sup>다시 열리다</sup>

모음 앞 r-

r-envelopper<sup>재포장하다</sup>에는 음성적인 것이 없다!

이 차이로 인해 단위가 훼손되는 것은 아니다. 그 의미와 기능이 같은
것으로 〈생각되고〉, 언어는 사례에 따라 이 둘 중 어느 형태를 사용할지
가 정해져 있기 때문이다.

## (2) 어근

단어의 기원이 무엇이든 어근은 언어가 의식하는 단위이며, 화자가 분
석해 낼 수 있다는 말은 맞는가 틀리는가? 프랑스어에서 다음 단어 분
석을 의심할 이유가 없다.

roul /is<sup>요동</sup>

roul /eau<sup>롤러</sup>

je     roul /e<sup>나는 굴린다</sup>

roul /age<sup>굴리기</sup>

roul /ement<sup>구르기</sup>

에서 요소 roul-은 개념의 일부에 상응하며, 다른 요소들과 독립된 것으

로 느껴진다. 시작 요소이자 정확히는 roul-로 끝나는 이 요소를 분석하려면, 우리가 아는 방식으로 다음 단어들과 비교하면서 분석해야 한다.

$$\begin{array}{ccc}
 & \text{roul⎡is를} & \text{coul⎡is와} \\
\text{pass⎡age}^{\text{통과를}} & \text{roul⎡age}^{\text{바르는 석고}} & \text{coul⎡age}^{\text{유출}}\text{와 비교} \\
\text{등} & \text{등} & \text{등}
\end{array}$$

roul-이 후기 라틴어에서 rotul-are이었다는 사실은 중요하지 않다.

〈지금으로서는〉 이 어근 요소에는 무엇이 있는지는 —— 접두사를 분석한 것 이상으로 —— 자세히 탐구하지 않겠는데, 이는 어근의 종류를 여러 가지로 구별해야 하기 때문이다. 이 어근racine이란 용어에 대해 한마디 하자. 비난은 받겠지만, 좋은 면도 있다. 이 용어가 상기하는 이미지는 나쁘지 않다. 뿌리racine는 식물의 일부로서, 잘라낼 수 없다. 다른 부분과 기능이 다르기 때문이다. 어근의 개념 = 〈단어의 일부로 〈간주되며〉 단어의 나머지 부분이 전개되는 부분〉은 틀린 개념이다. 어근(roul-)을 잘라내면, 단어의 단위로 남는 것은 없다. 이러한 이유로 어근은 접두사와는 전혀 다른 새로운 계열군에 속한다. roul-을 모든 어근의 유형으로 취할 때, roul + is로 〈써서는〉 안 되고,

$$\text{roul} \overset{+}{\times} \text{is}$$

와 같이 제시한다. roulis에서 +는 늘 그렇듯이 계기성을 나타내고, ×는 그 인수因數가 roul-과 -is인 곱셈의 합을 가리킨다. roul-이 가치를 지니는 이유는 -is의 앞에 있기 때문이고, -is가 가치를 지니는 이유는 roul-

의 뒤에 있기 때문이다.

　이런 종류의 어근 단위가 갖는 중요성과 명료성은 언어에 따라 차이가 크다. 〈그 출발점이나 역사적 정황에서 볼 때 그렇다.〉 어떤 언어에서는 이 어근 단위를 〈화자가〉 느낄 수 있는 상태이지만, 또 어떤 언어에서는 〈그〉 계기가 거의 없고 우연적이어서 이 때문에 언어본능은 이를 잘 감지하지 못한다. 그리하여 〈단위의〉 경계 구분에서는 모든 것이 다소 엄격하다. 프랑스어는 단어 내부의 분석에서 이 어간 요소를 충분히 〈감지할 수 있는〉 언어이다. 예컨대 savoir<sup>알다</sup>, savant, saurai(이는 변질하는 중이다), su, que je sache(여기서 프랑스어가 공통 의미를 보이는 부분을 분리해 낼 수 있다고 주장하면 극히 위험하다).[23] 이 어근의 분석에서도 (접두사에서 그랬던 것처럼) 여전히 정도성程度性의 문제에 마주친다. 프랑스어에서 단어의 하위단위로의 분석 가능성을 확률이나 점수로 매길 수 있다. 그리스어의 예를 들면, 그 양상은 매우 달라진다.

leip-ein<sup>버리다</sup>

leip-so<sup>나는 떠날 것이다</sup>

loip-os<sup>남아 있는</sup>　　(교체의 출현!)

el-leip-sis<sup>생략</sup>

e-lip-on<sup>떠났다</sup>

le-loip-a<sup>떠났다 24</sup>

---

23　savoir(부정법), savant(분사), saurai(미래), su(과거분사), sache(접속법)에서 공통 어간이나 어근을 찾기 힘들다.

24　e-lip-on은 아오리스트, le-loip-a는 완료시제이다.

여기서 어근은 단어의 나머지 부분과 거의 자동으로 분리된다. 근대어 가운데 독일어는 분리 가능성이 매우 높고, 〈따라서〉 화자가 주의력이나 더 예민한 언어본능을 발휘하면 요소들을 각기 별개로 구분할 수 있다. 예컨대

binden<sup>묶다</sup>

Binde<sup>끈</sup>

Band<sup>묶기</sup>

Bund<sup>결합</sup>

독일어에서 이 단어족은 일반적이다. 주지하다시피 독일어는 어간을 구분하는 사례가 아주 풍부하다. 그 수의 문제는 정확하게 〈경계 구분을〉 할 수 있는지의 여부와 〈밀접하게 연관된다〉. 프랑스어는 정확한 경계 구분이 늘 불가능하다.

pouv-oir<sup>할 수 있다</sup>

pouv-ant<sup>할 수 있는</sup>

peuv-ent<sup>그들은 할 수 있다</sup>

이들은 단지 교체로 인해 다르지만, peux, puis 등의 형태[25]도 있다. 모든 형태의 음성구성에서 똑같은 요소를 인지할 수 없다는 것은 〈어간 구별의〉 경우의 〈수가 얼마나 되는가〉 하는 문제와 관계가 더 밀접하다. 이러한 점에서 예외적 상태를 보여 주는 언어도 있다. 인도유럽어의 전

---

25  je 뒤에 붙어서 쓰이는 형태.

체 언어〈상태〉는 '어근+요소'로 〈즉각〉 분석된다. 어떤 형태도 다른 형태와 〈관련해서〉 (교체를 제외하고) 비정상형을 보여 주지 않는다. 어떤 형태도 이 같은 형식을 벗어나지 않는다.

deik[o^보여 주다        deik[tēr^표지

dik[tos        de-doik-[a^보여 주었다

이것은 경계 구분의 척도에서 최상위를 차지하는 예외적인 경우이다! 이 언어〈상태〉에서 어근은 완벽하게, 아주 정확하게 경계가 구분된다. 그래서 분석하기가 아주 쉽다.

유추창조는 〈어간 요소〉를 의식하는지 아니면 못 하는지를 잘 보여 준다. 더 최근의 언어에서 이 증거를 이용하여 화자는 이 요소를 문법가들이 분석한 것처럼 〈때로〉 분석했음을 알 수 있다. 고대 라틴어에서도 주목할 만한 사례가 있다.

라틴어 문법가들은 fãctus^일와 āctus^행위의 음량이 다르다고 하는데, fãcio^만들다와 ãgo^하다를 비교해도 그 이유를 알 수 없다. 그 이유를 제시하려면 오직 āctus에 대응해서, 〈āctus〉 이전에 있었을 것으로 추정되는 *ãgtos^하다를 인용하면 가능하다. 〈이는 다음의 대립으로 완벽하게 확증된다.〉

spĕcio^바라보다 : spĕctus^모습         tĕgo^덮다 : tēctum^지붕

       (despĕctus^경멸한 ⟶ dépit^경멸)             ↓

                                    (toit^의미)

conficio^완수하다 : confĕctus^제작      rĕgo^지배하다 : rēctūs^바른

           ↓               (dirēctūs^똑바른 : droit^직선의)

     (confit^절인)

다음 단어들도 같은 현상으로 설명된다.

          pătior^참다 : păssus^고통을 겪은     cădo^떨어지다 : cāssus^빈

                                        cāsus^떨어진

⟨어근의 끝자음이 유성음이면, 음량은 동일하지 않다.⟩ ⟨agtos, tegtos에서⟩ 이 어근의 끝자음은 인도유럽조어에서 기원하는 것이 아니다. 인도유럽조어에서는 분명 ăktos, ⟨tēctos⟩로 사용되었기 때문이다. 그래서 선사 라틴어에서, 옛 형태 ăktos, ⟨tĕctos⟩를 버리고 형태를 새로 구성했다.

         *ăgtos      *tĕgtos

이들은 무성음 앞에서 유성음을 발음하기가 어려운 형태이다! 이처럼 재구성한 것은 오직 (tego, tegumen^보호 등과 비교하여) 소위 어간 단위에 대한 의식, 즉 어간 분석 방식에 대한 정확한 의식이 있었기 때문이다.

    이 라틴어 사례는 어느 일정 시기에 어간에 대한 언어의식, 감각을

굉장히 예민하게 가졌던 경우이다. 언어와 시기에 따라 그 언어의식의 정도는 우리가 말한 바와 같이 아주 〈다양하다〉. 이러한 점에서 영향을 미친 요인들 중 두 가지를 들어 보자.

1) 각 단어에서 어간 단위의 모습이 갖는 외적 특성이 미치는 영향. 화자들이 이 어간 단위를 〈각 언어에서 이 단위가 갖는〉 어느 정도 통일된 모습에 의거하여 구별한다. 한 개별어에서 어근으로 분석 가능한 요소가 언제나 단음절이거나 구조적 세부 사실이 규칙적으로 나타나면, 언어의식이 어간 단위에 미치는 영향은 〈각별히 우호적이다〉. 어간의 외관이 왜 비교적 통일된 모습인지 묻는 것은 또 다른 문제이며, 통일된 모습은 언어상태가 축적된 데서 유래하는 것임을 알 수 있다. 〈프랑스어와 독일어를 비교해 보면, 독일어의 〈지배적〉 외관이 상대적으로 통일된 결과 독일인이 어근 의식이 훨씬 더 예민하게 발달한 것을 관찰할 수 있다.〉 〈독일어는 거의 모든 어간 단위가〉 단음절인 까닭이다.

streit-<sup>싸우다</sup>

bind-<sup>묶다</sup>

helf-<sup>돕다</sup>

프랑스어는 그렇게까지는 말할 수 없다.

roul-

commenc-

roul-이 rouler, roulage 등에서 분석된 것이라면, commenc-만이 이와

관련된 단어족으로부터 분석할 수 있기 때문이다. 이처럼 외양이 다양한 모습은 어간 인식에 비우호적이다. 이는 commenc-의 분석을 난감하게 만드는 부정적 요인으로서, roul-에도 파급효과를 미친다.

〈구조적〉규칙성이 〈어떤 것이든〉 이 규칙성은 화자들이 〈언어감각을 발휘하여 어간 단위를 인지하는 데〉 도움을 준다. 프랑스어의 어근 분석은 〈음절수의 변동 외에도〉 형태적 다양성도 크다.

souffl-[er<sup>숨을 쉬다</sup> 등
ferm-[er<sup>닫다</sup> 등
livr-[er<sup>넘겨주다</sup> 등
souffr-[ir<sup>고통받다</sup> 등

일반적으로 기대할 수 있는 모든 요소들의 조합을 발견할 수 있다. 독일어에서 어말자음이 두 개면, 요소들을 아무렇게나 배치할 수 없고, 어떤 순서, 예컨대 다음 순서는 배제되는 것을 알 수 있다.

자음 + 유음
자음 + 비음

따라서

werk-는 되고 wekr-는 안 됨
helf-는 되고 hefl-는 안 됨
werd-는 되고 wedr-는 안 됨

모음이나 단일 자음으로 끝나는 아주 단순한 유형(streit-)이 없으므로 일정한 순서가 강제되고, 우리가 말하는 언어감각이 발휘된다.

　비교한 어근들의 다양한 외관이나 일관된 외관〈의 영향〉을 살펴보았다.

### (3) 규칙적 다양성(교체)과 모음변이

2) 동일한 어근의 다양성을 보여 주는 더 중요한 사실이 있다. 여기서 불규칙적 다양성과 규칙적 다양성(교체)을 철저히 구별해야 하는데, 보조요소로서나 대립요소로서 효과가 상반되기 때문이다.

　규칙적 다양성(교체)은 〈예컨대〉 〈ou/eu〉에서 관찰할 수 있다.


mouvoir(oir)옮직이다　pouv-oir할 수 있다　voul-oir원하다　prouv-er나타내 보이다

meuv-[ent　　　　peuv-ent　　　veul-ent　　　preuv-ent[27]


불규칙적 다양성은 예컨대 다음과 같다.


naître태어나다　repaître먹이다　sais알다

naquit태어났다　repu포식한　savoir알다

né태어난　　　　　　　　　saurai알 것이다

등　　　　　　　　　　　su안


(이들은 교체로 불릴 자격이 없다). 어근의 불규칙성이 언어의식에 느껴

---

26　위 단어들의 복수 3인칭 현재형이다.

지는데, 이는 논의할 필요가 없다. 〈[연필로](두 번째 강의 참조 — 동사란 단위는 어디에 근거하는가?).〉 규칙적 다양성은 대응하는 형태에서 〈그리고 대응하는 조건(악센트!)에서〉 다수의 어근이 음성대립 〈ou/eu〉을 동일하게 반복하는 현상을 가리킨다. 〈교체에 기반한 이 규칙적 다양성은〉 어근 요소의 의미 발현에 오히려 호의적이다. 모든 하위단위 〈(어근, 접미사 등)〉의 규칙성은 교체의 경우에 속한다. 음성은 단위가 갖는 특성, 즉 기능에 의해 훼손되지 않는다. 이 점은 〈이미〉 접두사에 대해서 확인한 바이다.

$$re- \qquad \tilde{e}$$
$$r- \qquad in-$$

〈교체〉는 규칙적이기에 언어의 통일성을 훼손하지 않는다. 어근을 교체와 밀접하게 연계 짓는 것보다 더 특이한 것은 없다. 교체가 풍부한 언어는 사실상 어근교체가 더 활발하게 꽃피더라도 말이다. 독일어는 어근에 영향을 미치는 다양한 교체가 아주 널리 퍼져 있는 장場이다.

| finden<sup>발견하다</sup> | binden<sup>묶다</sup> | schiessen<sup>쏘다</sup> | fliessen<sup>흐르다</sup> |
|---|---|---|---|
| fand | band | ge-schoss | Floss |
| Fund | Bund | Schuss | Fluss |

| schliesse<sup>닫다</sup> | geben<sup>주다</sup> | nehmen<sup>취하다</sup> | helfen<sup>돕다</sup> |
|---|---|---|---|
| schloss | gibt | nimmt | hilfst |
| Schluss | | | |

바로 이 현상이 독일 문법가들이 말하는 모음변이Ablaut이다. 어간교체에 모음변이란 이름을 붙이면, 어떤 언어든지 교체현상(접두사, 접미사〈의 교체도 역시〉)은 모두 모음변이로 부를 수 있다. 그러나 관례상 모음변이는 어근과 연계된 교체라는 의미를 함의하며, 〈이러한 의미에서〉모음변이는 화자가 감지하는 의미 가치를 갖는다. 그렇지만 이를 별개의 항목으로 분류하여 특수한 교체로 만든다는 것은 언어사의 관점에서 볼 때 반과학적이다, 모음변이란 용어는 〈위에 지적한 특별한 의미로〉 사용하되, 모음변이라는 교체현상은 없는 것으로 간주하겠다.

교체의 다양성은 어간 단위를 분리해 내는 분석 작업에 우호적인가 비우호적인가? 다양한 모든 교체는 단위를 파괴하고, 언어감각에 비우호적인 듯이 보인다. 그러나 규칙성, 어간모음의 변동을 통해 〈화자〉집단 전체가 어근에 대한 〈언어감각〉을 활성화하는 데는 일조한다. 서로 상응하는 형태에 동일한 〈모음〉대립을 보여 주는 교체가 많다. 이처럼 규칙성에 의한 모음변이가 화자의 본능적 직관에 아주 강력하게 부여될 수 있다. 이는 우연한 조건이다. 고대 고지 독일어는 근대 독일어보다 교체가 훨씬 더 규칙적이었다. 〈교체가 어근에서 갖는 역할 문제는〉 별개의 타 언어 영역에서도 볼 수 있다. 그것은 셈어 영역인데, 이셈어에서는 음성 규칙성을 더 잘 관찰할 수 있다. 이 언어에는 음성적특징 한 가지가 현저한데, 이 특징 때문에 독일어 어근의 단음절처럼하위단위가 분석된다. 그 음성적 특징은 〈모든 어근이〉 세 자음으로 구성된다는 것이다. 〈셈인〉은 모음이 규칙적으로 교체되므로 모음이 중요하〈지 않다〉고 〈생각한다〉. 〈따라서〉 이 규칙성은 (독일어〈에서〉의 모음변이처럼) 보조장치이다.

qâtal(그는 죽였다) 이는 dâbar(그는 말했다)에서 반복된다

qatal – 그는 죽인다

qtôl – 죽이는

qtâl – 죽이다

이러한 〈교체의〉 변동은 언어사항의 수가 많을수록 더욱 발달하는데, 이 모음단위의 나머지(자음)가 셈인의 언어의식에 아주 강하게 각인되어 문자에서도 확연히 드러난다. 셈인은 모음을 문자로 쓰지 않는데, 이는 어간자음이 중요하다는 것을 여실히 보여 주는 증거이다. 〈셈어 화자는 남아 있는 것[자음]과 변화하는 것[모음]을 대조함으로써 언어 단위를 의식한다.〉

　논의를 더 전개하기 전에 〈모음변이에서 생기는〉 자연적 산물, 즉 어근의 개화로 나타나는 오류에 유의해야 한다. 원래의 가치[의미]를 고정하려면 교체로도 충분하다.


lāb –

lāp-sus[실수]


이것 역시 독일어 모음변이처럼 특징이 분명하다. 〈이 후자의 어간교체가〉 모음이 아니거나 〈모음변이처럼〉 의미와 연계되어 있지 〈않더라도〉 요컨대 이 현상은 정확히 똑같은 것이다.

　이 문제를 더 확장해서 전개할 필요가 있다. 교체의 근간으로서 화자만의 분석을 취하더라도, 어간 요소를 여러 종류로 〈구별할〉 수 있다. 우선 어간 일반에 대해 얘기를 하고, 그다음에 〈그 종류가 무엇인지〉 알

아야 한다. 〈지금까지는〉 문법가의 분석을 탐색하지 않고, 화자의 언어 의식에 생생히 감지되는 분석만을 탐색했다. 언어학〈에서〉 여러 관점에서 행한 언어학적 분석을, 언어가 실제 행한 〈분석〉과 뒤섞을 위험이 있다. 이들을 나란히 배열하고 단어를 〈단위로 분석하기 위해 문법가의 분석 절차와 화자의 분석 절차를 대조하는 것이〉 바람직하다. 이 대조를 통해 어느 지점까지 단어의 내부 분석이 본능적으로 이루어지는지 더 잘 규정할 수 있다. 단어를 분해하는 본능적 절차는 특히 인도유럽어에서는 매우 단순하며, 완벽하게 정의된 조작에 의거한다. 언어학자들은 흔히 이 분석의 정당성을 명백히 밝히지는 않는다. 언어<sup>랑그</sup>의 이처럼 단순한 조작과 성질은 그리스어에서 분명히 잘 드러난다.

문법가에게 그리스어 zeugnumi<sup>연결하다, 매달다</sup>를 제시하고, 이 단어를 여러 단위로 어떻게 나누는지를 살펴보자. 그는 무엇에 기초하여 분석하는가? 그 기초는 매우 간단하다. 그는 언어가 하는 것처럼 단어들을 결집하여 비교할 것이다. 한편으로는

1. | zeugnūmi <sup>나는 매단다</sup> |

   zeugnūs<sup>너는 매단다</sup>

   zeugnūsi<sup>그는 매단다</sup>

이는 첫 번째 형태가 zeugnu-mi로 분석되어야 한다는 것을 암시한다. 거기에 대한 입증은 다른 계열과의 비교를 통해 즉각 이루어진다.

damnēmi<sup>길들이다</sup>    | 1. zeugnūmi |    pheroimi<sup>나르다</sup>

〈따라서〉 zeugnu-만이 남는데, 전체 zeugnumi와 비교해서 볼 때 이를 첨가요소 -mi와 대립해서 어간으로 부른다. 어간 zeugnu-를 더 분석이 가능한지 의문을 품고, 〈내가 그것을 다른 계열

zeugnū-묶은, 멍에를 매단

zeuksi-[s멍에묶기

zeukto-[men멍에를 맨

zeugmat-[a겸용법

zugo-[s멍에

와 비교하여 분석 가능하다는 것을 알면〉 zeug-nū-로 분석할 수 있다. 그 분석은 다른 계열에 의해 입증된다. 예컨대

deiknū보여 주는   -   | zeugnū 매단 |

그러면 제2단계의 어간에 이르게 된다.

zeug-

zug-

(zeuk-는 걱정할 필요가 없다). 어간 분석을 더 진행할 수 있는지, 예컨대 zeug-의 g(k)를 분석할 수 있는지 궁금할 수 있다. 형태들 전체와의 비교를 통해서 이것은 더 분석할 수 없다는 것을 알게 된다.

zeug-

zug-

이는 분석이 더 이상 불가능하다. 생각할 수 있는 모든 어간 형태 가운데서 〈[연필로] 정의:〉 기원이 동일한 단어들 전체에 공통된, 더 이상 분석 불가능한 요소를 어근이라 부를 수 있다. 문법가는 단어를 소위 질료적 분할의 관점과는 다른 관점에서 생각할 수 있다(이러한 분할은 현재 언어학에서는 사실상 원리가 되었다!). 각 요소에 귀속되는 의미라는 관점에서 어근은 이처럼 진술된다. 즉 공통 의미가 최고조로 불확정된 요소. 어간의 의미는 어근과 관련해서 결정되고, 어근은 어간을 거쳐 도달하게 된다.

| zeug- | 묶는 것 |
|---|---|
| zeugma | 멍에 연결장치 |
| zeugmation | 작은 멍에 연결장치 |

의미의 어느 부분이 어근인지를 정확히 결정하려고 해서는 안 된다. 그것은 어간 전체가 어느 정도 분석이 가능한지 그 정도에 달렸다. 문법가에게 주요한 또 다른 사항은 〈분리된〉 요소의 기능, 〈메커니즘〉이 단순한 병치로 표현된다고 생각하거나 그렇게 생각하면 안 되고, 분석된 〈단위들〉은 서로 상보적임을 늘 유념해야 한다는 것이다. 그래서

완전한 관념 + 완전한 관념

zeug + nū

가 아니라

$$\underset{\text{완전한 관념}}{\underline{\text{zeug-×-nu}}}$$

이며, 이를 보다 간단하게 zeug-로 표현한 것이다.

　어간이 단지 어근으로만 구성되는 중대한 경우가 흔히 발생할 수 있다. 그 경우, 어떻게 되는 것인지 궁금할 것이다. 예컨대 phlĕg-o-men <sub>우리는 불피운다</sub> 전체로부터 모든 단어족에 공통된 어간 요소로서 phleg-(또는 phlog-)를 분석한 후에, 단어로 사용된 어근(φλόξ <sup>불길의</sup>, φλόγος <sup>불길</sup>)이 있다고 말할 수 있을까? φη-(μι) <sup>말하다, 생각하다</sup>도 마찬가지다. ⟨[연필로] 두 번째 강의에서 어간 참조.⟩ 그리하여 추상의 결과로 생각했던 것이 ⟨여기서는⟩ 완전한 단어로 기능하는가? 아니다. 1) phlog(불길)에서 phleg-를 생각하는 것은, phleg-o-men에서 미결정된 의미를 지닌 어근 phleg-가 아니다. 한편으로는

$$\underset{\text{미결정된 의미}}{\underline{\text{phleg-}}}$$

가 있고, 다른 한편으로는

$$\underset{\text{결정된 의미}}{\underline{\text{phleg-}}}$$

가 있다면, 이는 다른 두 사건이다. ⟨── 각 요소 ⟨(phleg)⟩에 각 의미가 대응한다. ──⟩ 형태를 의미와 별개로 생각하면, 이 경우에만 두 요소는 동일한 것이다. 2) phleg(ma)$^{풀}$에 공식 phleg×ma를 적용할 수 있지만, phlog에서는 곱할 것이 없는데, 이는 기능이 완전하다⟨는 신호이다⟩.

### (4) 어간과 접미사

어간의 종류가 다양하다는 것은 분명하며, 이들의 분석 가능성의 정도는 어근과 ⟨다르다⟩. 접미사의 문제는 어간의 문제와 불가분의 관계로 서로 얽혀 있다. 접미사를 포괄해서 논하지 않고서는 어간을 논의할 수 없다. 사실상 분석 가능한 어간은 어근+접미사로 분해된다. 이는 어간 분석의 또 다른 면모이다. zeugnumi를 분석한 후에 zeug-와 다른 요소들이 생겨난다. 분석하지 않고 남겨 놓은 요소는 접미사로서 ⟨우리가 분석한 이 사례에서는⟩ -vū-인데, 이는 어근과 대립하지만 어간의 일부이다. 모든 어간은 접미사를 가지며, (어근뿐만 아니라) 가능한 어간들 전체를 고찰하면, 어간과 접미사의 두 문제가 뒤섞이는 것도 바로 이 때문이다. 어근이 별개의 요소로 드러나면,

어근 -| -|굴절어미

처럼 분석된다. 이 두 요소 사이에 개입하는 모든 것은 ⟨이차⟩ 어간계열에 속하는 접미사를 가진 어간$_{radical\ suffixal}$이다. ⟨이⟩ 부분에서 경계가 분명히 지어지는 것은 접미사이다. 접미사는 분명한 의미 일부를 지닌다. 예컨대 zeuk-tēr-(es)$^{연결하는\ 사람}$에서 -tēr-는 행위자 명사를 나타낸다. zeug-nū-mi$^{나는\ 멍에를\ 매단다}$, zeug-o-(s)$^{멍에,\ 짝}$에서는 이를 찾아볼 수 없다. 이

두 사례에서, 분석 불가능한 굴절어미$^{es, s}$에서, 〈의미는 없지만〉 경계가 분명한 요소$^{nu, o}$를 분리하면 일정한 요소를 얻는다.

어떤 유형의 언어에서는 문법가의 분석이 나머지 부분이나 연결의 흔적 없이 딱 떨어질 수 있다. 〈그리스어의 경우가 그렇다.〉 그러나 이처럼 쉽게 분석되는 요소들 중 얼마나 많은 요소가 그리스인의 언어 감각에 인지되는지, 또 어느 정도까지 이 자발적 분석이 문법가의 아주 엄밀하고 흡족한 분석과 일치되는지는 알아봐야 한다. 〈실제로 어떤 단위가 화자에 의해 감지되는가에 대한 증거는 늘 그렇듯이 유추를 통해 밝혀진다.〉 유추의 관점에서 실제로 기능하는 단위만이 언어자료이기 때문이다. 〈앞의 질문에 대한〉 대답은 당장 제시하기는 어렵고, 많은 경우 그 답변은 의심스럽다. 현재로서 확실한 것은 그 문제 전체는 그리스어의 정태적 관점에서 명확판화하게 해결되지 않는다는 점이다. 〈애매모호한 사항,〉 대략적 분석, 절반의 분석, 유동적 사항은 그리스어가 〈활동하면서〉 결과적으로 생겨나는 상시적 특성이다. 예컨대 이 질문을 zeugnumi, zugos에 적용해 보면, 그리스인이라면 전자는 zeugnū-mi로 분석하지만, 후자는 (zugo-s가 아니라) zug-os로 분석한다. 이러한 사례를 통해서 단어 분석이 심하게 불일치하는 것을 알 수 있다. 문법가에게는 세 요소가 있다.


zug – o〈접미사〉– [s 굴절어미


언어$^{언어의식}$에는 단 두 요소뿐이다.


zug – os = 굴절어미

라틴어 dīcābās(너는 헌납하고 있었다) 같은 형태는 우리의 분석에 의하면 dīc-ā-bā]-s로 분리되지만, 라틴인들에게는 〈분명〉 dīcā-bā-s로 분석될 뿐이다. -bās 전체를 굴절어미로 간주하고, 그 나머지를 어간으로 보려는 경향이 있다.

언어는 문법가처럼 분석할 수 없다. 언어는 관점이 다르며, 문법가의 분석과 동일한 요소들이 언어에 주어져 있지 않다. 문법가들은 오류로 간주〈하지만〉, 언어는 오류가 아닌 것을 분석하고, 언어가 인지하는 것만을 허용한다.

화자의 주관적 분석(이것만이 중요하다)과 문법가의 주관적 분석, 이 두 가지 분석 자체는 결국 동일한 방법(계열의 대조)에 근거하지만, 이 두 분석 사이에는 상응하는 것이 없다. 〈문법가는 주관적으로 그리고 객관적으로 분석하지만, 분석의 결과는 동일하지 않다.〉 이 경우에 두 분석 중 어느 하나는 타당하지 않다고 말할 수 있다. 그러면 주관적 분석에 대한 객관적 분석의 가치는 무엇인가?

객관적 분석은 서로 다른 시기를 동일한 평면에 두고 고찰하는 분석이다. 주관적 분석을 하는 사람은 현재적 분석, 순전히 현재의 분석을 얘기한다. 이 두 가지 분석은 목표가 동일하다. 즉 단어에서 감지되는 하위단위의 분석을 인지하는 것이다. 결국 이 두 분석의 관점은 주관적이며, 객관적인 분석만이 그 시기가 언제든 상관없이 단어의 모든 분석 방식을 종합하여 접근 가능한 가장 옛 시기에 〈이른다〉. 〈반면〉 주관적 분석은 시기를 뒤섞지 않고, 오직 〈현재의〉 화자들이 단어를 분석하는 방식만을 다룬다. 이는 마치 건물과도 같아서 건물 내부의 배치나 목적을 자주 변경시킨다. 설계도면 위에 배치도면을 연속으로 그리면, 이 조감도는 객관적인 분석에 해당한다. 집 안에 사는 사람들에게는 늘 단한 가지 배치도만 있고, 이것이 새로이 조합하는 배치도의 출발점으로 이용된다. 〈그리하여〉 〈오직〉 어느 일정 시기의 형태가 〈유추창조에〉 이용되고, 총체적인 관점으로 옮아가면 그렇게 되지 않는다.

일정한 시기에 감지되는 단어 분석은 영원한 것이 되지 못하고, 다른 방식으로 대치되는지가 궁금〈할 수 있다〉. 수많은 요인이 〈언어변화의 현재적 분석을 위협한다. 이 요인들은〉 다양하다. 이를 분류하지 않고서도 몇 가지 사례를 보면 알 수 있다.

인도유럽어 명사는 다음처럼 곡용한다.

| | |
|---|---|
| 주격 | pod-s발 |
| 대격 | pod-m |
| 여격 | pod-ei |
| 처격 | pod-i |
| 주격 복수 | pod-es |
| 대격 복수 | pod-ns |

이 곡용이 준거로 주어졌으므로 다음 곡용을 예상할 수 있다.

| | |
|---|---|
| 주격 | ekwo-s말[馬] |
| 대격 | -m |
| 여격 | -ei |
| 처격 | -i |
| 주격 복수 | -es |
| 대격 복수 | -ns |

여기서 확인하는 바는 다음과 같다.

I. ekwo-를 아무 주저 없이 pod-처럼 분석한다. 두 어간을 똑같이 분리해 낼 수 있다.

II. 두 번째 언어상태에서는 축약이 일어났다.

여격 ekwōi        처격 ekwôi

주격 복수 ekwôs

이 시기부터 분명하던 어간이 흐려져서 분석이 점차 바뀌기 시작했다.

III. 어간이 흐려진 요인은 무엇인가? 순전히 음성적 현상, 즉 한두 형태에 기반한 축약 때문이다.

IV. 이 곡용의 패러다임 역사에서 분석을 계속해 나가면, ekwō는 사태가 더욱 모호해지는 것을 알 수 있다. 예컨대 고대 그리스어 대격 복수는 hippo/ns 말들을 였다(이는 명문銘文에서 확인된다). 여기서 hippūs 말가 나왔다. 마찬가지로 (또 다른 음성변화에 의해) pod-m은 poda가 되었다. 〈이들〉 형태〈hippūs와 poda〉는 나의 분석에서는 불확실하게 되었다.

V. 크세노폰[27]의 그리스어를 보면, 궁금한 사항은

1. 주관적 분석이란 무엇인가? 주관적 분석은 아주 의심스럽고 변한다는 것이다. 이 분석에 따르면, logos/- 말[言], philo/- 사랑〈가 아니라〉 log-, phil-일 가능성이 크다.

2. 객관적 분석은 잘못된 것인가? 그렇지 않다. 단지 무시간적일 뿐이

---

27  Xenophon(BC431~354). 아테네 출신의 크세노폰. 철학자이자 역사가이자 군인. 소크라테스의 제자이기도 하다. 그의 아티카 그리스어는 고대 고전 그리스어의 전형이다.

다. 이는 화자의 언어의식은 인정하지만, 분석의 시기가 다르다. 〈자신이 있는 시기와 다른 시기를 준거로 해서 분석한다.〉 '어원적' 분석이라고도 할 수 있지만, 이 용어는 위험스럽다. 주관적 분석만 타당한 것으로 간주하는 듯하기 때문이다.

계속해서 언어<sup>언어의식</sup>의 관점에서 음성변화의 원인을 살펴보자. 첫 시기에 〈(중성) 비교의〉 접미사 -is-(mag-is<sup>보다더</sup>에서 볼 수 있다)와 tri-to-s<sup>셋째</sup>에서 보이는 접미사 -to(여럿 중 단일한 위치를 지시하는)가 있었다. 이것들로 〈최상급〉 swâd-is-to-s(가장 달콤한)을 구성했다.

다음 사실을 확인해 보자.

I. swâd-is-to-s로 분석한 것은 어느 특정 시기에 감지한 분석이다.

II. 그와 다른 시기에는 swâd-is-to-s로 더 이상 분석할 수 없다. 화자의 언어의식을 반영한다면 말이다. 음성적 관점에서 변한 것은 아무것도 없다. 이러한 분석의 변화는 어디에서 유래하는 것인가?

1. 이 언어분석은 의미작용의 역사에서 발견되는 것처럼 단순한 원리에 따라 변했다. 즉 언어는 복잡하고 간접적인 개념을 단순하고 직접적인 개념으로 대치한다는 점이다(따라서 음성과는 상관없는 원인이다!).

2. 〈추가적 원인. -is로는 더 이상 비교급을 구성할 수 없고, -jǒs로 구성했다.〉 -is형의 비교급은 그리스어에서 더욱 희귀해졌고, 더 이상 비교급으로 인지되지 않았다. 〈따라서〉 최상급에서 -is와 -to를 분리할 수 없었다.

III. (그리스어의) 후대의 어느 시기에서, ἡδ-ισ-το-ς<sup>가장 즐거운</sup>로 분석한 것은 객관적 분석이며, 그 분석에는 대응하는 사례가 없었고, 더 이상 대응하지 않는다고 말할 수 있다. 이 시기에 유일한 주관적 분석은 ἡδ-ιστο-ς이며, 이것만이 새로운 형태 창조에 이용되었다.

IV. 이 시기의 그리스어에서 ἡδ-ιστος는 인정하면 안 되고, ἡδ-ιστ-ος로 분석하는 것이 정확하다. 독일어에서도 마찬가지다.

suoz-ist-êr $^{가장 달콤한}$

suoz-ist-e

-ιστο-로 분석하는 것은 타당하지 못하다.

V. 분석절차를 진행한 경로를 정하려면 제시할 절차는

어근 + is + to] + s

이며, 그 후에

어근 + ist + [os

로 분석한 것이다. 〈[연필로] '-'를 쓰는 것이 더욱 정확하다. 이 장에서 '+'는 (병치라는) 특별한 의미가 있기 때문이다!〉 (-ist-가 분할 불가한 접미사가 되려면, 그리스어에 두 가지 분석이 가능한 경우에 그렇다.) 이 두 분석 간에 충돌이 있다. 하지만 이 충돌로 어느 한 가지 분석이 배제되고, 그 분석이 어느 시기에는 유효하지만, 다른 시기에는 유효하지 않다고 말하면 충돌이 해소된다.

〈단어 분석에 있어 이러한 변화의 원인은 아주 다양하다.〉 한 사례를 통해 음성적 원인에 대한 개념을 얻을 수 있다.

이 사례는 어근과 관련 있다.

geus-teo-n<sup>맛</sup>

geus-to-s<sup>맛난</sup>

geus-o-mai (나는 맛본다)

geus를 분석하는 데 아무 어려움이 없다. 하지만 그 후 아래처럼 모음 사이 s가 탈락하면,

geuomai<sup>맛</sup>    geustos

geusteon

그리스어에는 분석의 장애가 생기며, 그 결과 분석이 유동적이다. 언어 감각은 어간 기저를 geu- 또는 geus-로 〈설정〉할 수 있다. 이 형태적 유동은 새로운 유추형에 반영되어 s가 없는 pneu-<sup>숨</sup> 같은 단어군이 s를 가진 형태(pneustos<sup>영감을 받은</sup>)로도 나타남을 알 수 있다.

전혀 다르기는 하지만 〈(아주 빈번히)〉 나타나는 또 다른 종류의 사례로, 합성어가 추후에 더 이상 합성어로 감지되지 않는 경우도 있다.

예컨대 고대 게르만어 단어 lich(= 외관)로 구성되는 모든 종류의 합성어이다.

manno-lîch (사람 모습을 한)

redo-lîch (이성의 형태를 띤)

오늘날 ⌈ redlich<sup>정직한 28</sup>

---

28  오늘날 이 단어 속 lich에서는 lich가 과거에 가졌던 의미를 전혀 느낄 수 없다.

지적 사항:

I. 오늘날 -lich는 접미사로서, 〈예전처럼〉 어간의 〈또 다른 일부로서〉 단어에 포함되는, 제2의 단어로서의 의미는 없다.

II. redlich에서 생각할 수 있는 것은 무엇인가를 물으면, redlich를 reden<sup>얘기하다</sup>과 관련짓지만(분명히 친근관계가 있다), die Rede<sup>말[言]</sup>와는 연결 짓지 않는다. 이제 와서 red-는 과거의 독립 단어의 지위에서 어근이 되었다. 이로 인해 sterblich<sup>치명적인</sup> 같은 단어가 생겨났다(Sterbe-에 대응하는 것은 없다). 오늘날 합성어 red-lich는 red × lich로 분석할 수 없는 하나〈의 전체〉이다(〈프랑스어〉 -ible로 구성된 단어처럼). 엄청나게 많은 독일어 단어가 바로 이러한 경우에 해당한다. 예컨대 -heit로 구성되는 모든 단어가 그렇다(Wahr-heit<sup>진리</sup>에서 wahr-는 여전히 형용사로서 감지된다).

III. 독일어의 관점 변화는 어디서 유래하는가? 이 〈변화〉 요소 가운데 한 가지는 red(o)에서 o가 규칙적으로 소실된 것이다. 〈그 후 첫째 요소는 단어로서는 더 이상 출현하지 않고, 어근으로만 출현하며, 이로 인해 redo + lich의 관계가 red × lich로 바뀐 것이다. 그래서 독일어는 더 이상 Rede를 생각하지 못한 것이다.〉

이러한 영속적인 언어관점의 변화를 보여 주는 수없이 많은 사례를 제시할 수 있다. 마지막으로 근대어에서 취한 한 가지 사례를 보자.

somnolent<sup>졸음 오는</sup>은 분명 오늘날 somno-lent(donner<sup>주다</sup>, donnant<sup>주는</sup>의 계열과 관련해서 볼 때 현재분사이다)으로 분석된다. 이처럼 분석되는 증거는 여전히 동사 je somnole<sup>나는 존다</sup>를 새로이 창조한 것에서 볼 수 있는데, 이 단어는 사전<sup>辭典</sup>에 없던 형태이다. 이 단어를 좀 더 옛 시기의 라틴어에서 찾아보면, 그것은 (succu-lentus<sup>즙이 많은</sup> 등처럼) somn<sup>u</sup>/o-lentu-s로 분석되었다. 더 나아가서 이 분석은 또 다른 방식으로도 이루어졌음을 알 수 있다.

somn-olentu-s    졸음을 느끼는

다음 단어도 마찬가지다.

sanguin-olentu-s ⎫ 피 냄새가 나는
vi-olentu-s      ⎭ 포도주 냄새가 나는

이 분석 관점〈의 이동〉에서 아주 일반적인 두 가지 특징을 확인할 수 있다.

1. 형성 요소 〈zug-o/s〉의 어간 요소를 축소시키는 일반적인 경향
2. 〈어간 요소가 모음일 때〉 어간이 모음으로 끝나면, 어간 요소를 형성 요소와 합치는 아주 특수한 경향. 이 경우 두 요소는 두 배나 더 쉽게 병합된다. 반대로 단어 분석은 자음에서 끝난다.

πατερ<sup>아버지</sup>

πατρων<sup>조상의</sup>

에서, 단어의 구성 부분에 어간 일부를 합병시키지 않는 경향이 농후하다. 이와 반대로 -tat-에는 경쟁요소 -itat-(증거 : celer-itat-<sup>신속함</sup>)가 있었다. 대부분 요소의 병합은 veritatem처럼 어간이 모음으로 끝나면 일어난다. vĕri]-tāt-(δεινο-τητ-<sup>공포, 경이</sup> 참조). 이 병합 역시 ver-us(원래는 veru-s<sup>진실한</sup>)에서 일어난 병합을 veritatem에 적용해 생겨났다. 여기서

도 똑같이 우호적 원인으로 인해 병합이 일어난 것이다. 라틴어 접미사 -ānus는 어간의 일부를 잠식했다. 원래의 분석은

Romā-nos <sup>로마인들</sup>

Albā-nos <sup>알바니아인들</sup>

이었다(aēnus<sup>구리</sup> : aĕs-nu-s와 같은 구성). 이처럼 분석하면 접미사는 〈-ānus로 된〉 다른 형용사를 구성하기에 충분히 성숙되었다. -ālis도 마찬가지다. 우선 causā-li-s<sup>인과관계의</sup>로 분석하고, 그 후 무의식적 병합으로 -ālis가 되었다. 그러면서 verticalis<sup>가장 높은</sup> 등을 구성할 수 있었다. 이보다 한 걸음 더 나아갈 수 있다. meri-diōnālis<sup>남쪽의</sup>와 regi/ōn-ālis<sup>지방의</sup>를 비교하면, 어간의 끝 모음 때문에 한 음절이 추가된 것을 알 수 있다. 사실상 septentriōnalis<sup>북쪽의</sup>의 영향도 있었다!

이런 사실로 인해 어근과 접미사를 어느 정도까지 분석할 수 있는지를 과연 알 수 있는가 하는 문제가 제기된다. 이들 용어에는 아주 상대적인 의미를 늘 부여해야 한다. 접미사와 어간은 서로 간의 대립과 병치를 통해서만 가치를 지니며, 순수히 주관적 분석의 견지에서도 두 부분이 어떤 것으로 대립하든 상관없이 이들을 형성소<sub>formative</sub>와 어간<sub>radicale</sub>으로 부를 수 있다.

> dictator × em (em과 대립해서 어간으로 부를 수 있다)
>
> dicta × torem ( 〃 )
>
> dic × tator- ( 〃 )

## (5) 유추창조와 교착

새로운 단어 형성에서 화자 자신이 행한 이 분석의 가치는 무엇인가?
〈언어학에서〉 창조라고 말할 때, 그것은 무에서 만드는 창조가 아니라
는 사실을 상기하자. 그 반대로 과거에 말한 모든 것은 화자를 위해 예
비해 둔 것이라는 개념이다. 〈그것은 변화도 아니다(앞의 내용 참조).〉
창조적 활동은 오직 조합하는 활동이며, 조합을 새로이 창조하는 것이
다.[29] 그러면 어떤 언어재료로 만드는 조합인가? 외부로부터 주어진 것
이 아니라 언어가 스스로 자체 내에서 찾아내는 것이다. 이러한 이유로
언어분석의 최초 행위가 필요하다. 즉 언어는 자체 내에 있는 것, 전 세
대가 기여한 바 ─ 이것이 언어 자체의 행로다! ─ 를 해석하고 분해하
면서 시간을 보내고, 그 후에 언어 자체가 획득한 하위단위들을 가지고
단어 구성construction을 새로이 조합한다. 예컨대 'somnoler'는 -er 동사와
somnolent을 새로운 방식으로 분석해야만 구성된다. 언어는 분해할 수
있는 〈범위 내에서〉 재구성하며, 언어자료가 많을수록 그만큼 더 창조
적이 된다. 우리는 단어 구성(〈그리고 단어 구조structure〉)을 언급했는데,
이 용어는 발화 때의 단어 구성을 〈함의하는 조건에서는〉 아주 적확하
다. 하지만 다른 관점에서 볼 때, 구성이란 용어는 아주 나쁘다. 언어에
서는 급격한 단어 구성이 문제지만, 건물에서 건축은 돌을 하나씩 쌓아
올라간다. 단어 구성이라고 말할 때, 단어의 구성 요소의 수만큼 많은
시기가 있는 듯한 생각이 든다. 하지만 반대로 모든 구성 요소는 사실
동시적이다. 모든 요소들을 구비한 채로 발화에 한꺼번에 쏟아져 나오

---

29 combinaison을 '결합'으로도 번역할 수 있으나 소쉬르가 a+b가 아닌 a×b로 표시한다는 점
  에서 언어요소들의 단순한 선적 '결합'이 아니라 함수적 결합이라는 의미에서 '조합'으로
  번역하였다.

기 때문이다. 주관적 분석의 경우, 이는 극히 중요하다. 예컨대 megis-]tos<sup>가장 큰</sup>에서 우선 비교급이 있고, 여기에 -to-를 추가해서 최상급을 만든다. 그래서 단어에 성층이 있는 것 같다. 이것은 사실이지만, 〈이 성층은〉 megistos와는 다른 단어이다(예컨대 magis〈와 같은 비교급〉. 이 단어에서 라틴어는 비교급 접미사를 분석해 냈다).[30] megis-만 있을 때는 그것은 megistos의 창조에 비관여적 사항이었다. 별개로 분리된, 분리 가능한 시기에 돌을 하나씩 쌓듯이 형성된 단어들을 찾으려면, 논리적으로는 교착어 상태로 거슬러 올라가야 한다. 이때는 분리된 두 단어가 하나의 단어로 결합된다.

재귀대명사

neszŭ-s

neszŭ-se

여기서 두 단어가 분리된 시기와, 두 단어가 한 단어로 유인되어 한 단위로 된 시기를 구별할 수 있다. 그러나 교착은 유추창조와는 아무 상관이 없고, 〈유추창조에서〉 조합은 급작스레 일어난다.

단어들이 분해가 가능한지, 분석이 가능한지에 따라 다른 단어를 어느 정도 생성할 수 있는지를 분류할 수 있다. 일반적으로 분해가 불가능한 단어는 생산력이 없고, 비생산적이다. 예컨대 magasin<sup>창고</sup>이라는 단어가 그렇다(magasin-ier<sup>창고지기</sup>는 우선 다음 계열

---

30  magis는 mag+-is(<*is)로 분석된다. 이는 영계제이고, 강계제는 maior이다. 계제란 모음의 형태음운론적 변이 단계로 영계제, 약계제, 강계제가 있다.

$$prisonn\text{-}ier^{죄수}$$

$$prison^{감옥}$$

에 의해 산출된 것이다. emmagasiner<sup>입고하다</sup>는 계열 entortiller<sup>돌돌 말다</sup>, emailloter<sup>감싸다</sup> 등에 의해 생산되었다). 따라서 언어에 따라 정도의 차이는 크지만, 상당수의 생산적인 〈다산의〉 단어와 비생산적인 〈불임의〉 단어를 인정해야 한다. 언어 자체를 제외하면 그 어디서도 이들 단어를 끌어낼 수 없기 때문이다. 중국어에서는 어떤 단어도 분석할 수 없지만, 에스페란토 〈같은〉 인공언어에서는 모든 단어를 분석할 수 있다.

새로운 단어는 근본적으로 구별되는 교착<sub>agglutination</sub>과 유추형성, 이 두 가지 방식, 오직 이 두 가지 방식으로만 형성된다. 여기서 개인이 고안한 단어나 의성어의 특수 문제는 모두 제외된다(예컨대 gaz). 이 단어들은 언어에서 별로 중요하지 않기 때문이다. 교착도 제외하는데, 지금은 오직 유추만을 대상으로 논의하고, 언어의 모든 단어형성 방식을 다루는 것이 아니기 때문이다. 하지만 〈유추방식과 대조해 보면, 교착 과정은 그 특징을 더 잘 드러내는 수단이다〉. 유추창조를 위해 단어라는 단위를 설명의 기저로 삼았다. 이제 이것을 똑같이 말해 보자. 단어는 중추적 단위라는 것, 모든 언어에서 〈언어본능처럼〉 명료한 것이라고 단호하게 확언할 수 있다. 물론 이 단어를 정의하기란 아직 요원하다. 교착 과정이란 무엇인가? 말하자면 〈이는 하나의 과정<sub>processus</sub>이며,〉 절차<sub>procédé</sub>는 아니다. 절차란 의지이며, 의도이다. 교착에 의도를 도입하면, 교착의 성질을 오해하는 것이다. 〈교착이〉 유추와 다른 것은 〈정확하게는〉 이 의도성의 부재이다. 교착은 다음 문장이 보여 주듯이 두 단어가 한 단어로 접합하는 것이다.

| 첫 시기 | 둘째 시기 |
|---|---|
| ce ci | ceci = 새 단어 또는 |
| | 단어로서 신어 |
| tous jours | tousjours<sup>언제나</sup> |
| au jour d'hui | aujourd'hui<sup>오늘</sup> |
| dès jà | déjà<sup>벌써</sup> |
| le vert jus | le verjus<sup>신포도즙</sup> |
| le lieu tenant | le lieutenant<sup>보좌관</sup> |

더 광범위하지만 별다른 의미가 없는 단어형성의 사례는 로망스어의 미래형이다.[31]

| | |
|---|---|
| je choisir ai | je choisirai<sup>나는 선택할 것이다</sup> |
| tu choisir as<sup>너는 선택할 것이다</sup> | 등 |
| je porter ai<sup>나는 옮길 것이다</sup> | |

　적어도 겉으로 보면, 상황은 매우 간단하다. 하지만 여기에 자만해서는 안 된다. 이는 길게 추론을 하면서 논증할 주제이다.

1. 가장 중요한 조합combinaison은 문장에 속한다.

2. -ιστο-를 논의한 것과 비슷하게 의미작용 현상⟨을 고찰해야 한다⟩. 복합 개념이 특정 기호를 통해 언어에 주어지면, 언어는 기계적으로 이

---

31　미래형은 '동사 부정법 + habere(avoir)'이다. 이 avoir가 미래 굴절어미로 바뀌었다. j'ai, tu as, il a의 ai, as, a가 미래형의 어미가 되었다.

복합 개념을 단순하게, 더 이상 분해할 수 없게 만드는 경향이 있다. 지름길을 택하려는 경향, 즉 관념을 단순화하려는 경향이 있다. 그래서 두세 개의 소재 가운데서 포착한 것만을 지각할 뿐이다.

3. 단어라는 단위의 질료적 특성을 택한다. 예컨대 악센트를 보자. 원래 두 개의 악센트가 있었다면, 교착 이후에는 하나의 악센트만 있을 것이다. 이 악센트 현상은 의미보다 더 중요한가? 〈이 질문은 부정否定으로 끝날 가능성이 높다. 이 문제에 대한 치열한 토론을 통해 언어학자들은 이 문제를 흔히는〉 다르게 〈해결했다.〉 tous jours가 한 단어가 된 것은 여기서 어떤 관념을 인지했기 때문이며, 그 역은 아닐 가능성이 높다. 의미작용을 차선의 지위, 이차적인 것으로 만들어서는 안 된다. 교착 특성과 유추창조를 비교해 보면, 완전하고 완벽한 대조만 있다.

교착으로 새로운 단어를 만들 수 있지만,

1. 구성 요소는 기본적인 두 단위이다(단어+단어). 반면 유추창조에서는 단어의 단편이나 하위구분만 있다.

2. 구성 요소의 연쇄와 관계에서 단어를 취할 때, 교착은 문장 차원에서 단어의 존재를 찾으며, 따라서 문장 영역에 속한다. 그러므로 언어는 단어 내부가 아니라 다른 단위, 즉 문장의 내부에서 그 적극적 기능을 요구한다.

3. 교착 과정에서 적극적이고 의지적인 것은 전혀 찾을 수 없다. 모든 것이 수동적이고 우연적이며 의도가 없다. 이것이 교착현상의 가장 중요한 측면이다. 우리가 확인한 바로는 교착은 의미를 통합시키는데, 그것은 언어의 기계적 경향 때문이다. (교착이 이루어진 이후) 단어의 몇몇 외적 특성을 택했다는 것 이외에 적극적인 것은 아무것도 없다. 교착에서 조합은, 말하자면 독자적으로 이루어지고, 의도적인 결집은 없

다. 〈새로운 단어를〉 만들기 〈전에 단어〉 분석을 강제하는 유추창조의
활동도 없다. 〈교착에서〉 구성 요소는 단어 자체이며, 단어를 만드는 모
델은 별도로 필요 〈없다〉. 새로운 단어 창조는 없지만, 두 단어를 한 단
위로 수용한다.

〈따라서〉 두 종류의 새로운 단어가 있으며, 이들은 서로 유사하지
않다. 과거를 뒤돌아 보면, 이는 새로운 단어 구성의 문제가 아니라 두
종류의 단어 구성, 즉 교착과 유추의 문제이며, 과거에 문법가들이 객관
적 분석을 통해 서로 다른 단어 구성〈으로〉 인지했던 것이다. 단어 구성
의 〈보다 정확한〉 모습은 유추보다는 교착에 더 잘 적용된다.

흔히 우리는 어떤 〈현상〉에 직면해 있는지를 결정하기 어렵다. 이
는 언어학자들 간의 끝없는 논쟁거리다. 인도〈유럽〉어의 원시형태를
분석하면서 그것이 〈유추인지 교착인지〉를 판단하는 〈이 문제는〉 해결
이 〈거의 불가능하다〉. 예컨대

esmi<sup>나는 이다, 있다</sup>    dômi<sup>나는 준다</sup>

esti<sup>그는 이다, 있다</sup>    dôti<sup>그는 준다</sup>

같은 형태들은

es-mi( = 나)    dô-mi

es-ti    dô-ti

같은 단위들의 교착인가? 만일 이들이 교착이라면, 이는 곧 아주 원시
시기에 dô가 (어근이 아니라) 오랫동안 단어였다는 것을 의미한다. 〈그

렇지 않다면〉〈이 형태를〉 설명하는 것은 유추이며, 그 형성 절차는 아주 다르다. 〈이 형태를 만들려면〉 인도유럽어는 그 이전의 다른 〈단어들〉을 분석해야 했다. 어떤 단어가 과거에 문제의 두 단어로 매번 분석되었다고 하면, 그것은 교착구성을 의미한다. hunc = hom ce의 축약이다. 이 사례와 교착구성의 다른 사실은 즉각 합성어를 상기시킨다. 합성은 실제로 교착을 연상시키는 점이 있기 때문이다. lieutenant<sup>보좌관</sup>이 그 예다!<sup>32</sup> 합성어는 교착과 관련 있는가? 그 정반대이다. 진정한 합성어는 전적으로 〈어근, 접미사 같은〉 단어를 구성하는 하위구분 단위의 구성모델에 의거해 〈만들어진다〉. 아니면 단어의 하위분석 단위로의 구성은 〈부적절한 의미에서〉 진정한 합성어 모델에 의거해 만들어진다. 교착형은 병치어<sub>juxtaposé</sub>인 반면, 유추형은 합성어<sub>composé</sub>이다. 이 구분은 매우 중요하며, 이를 강조해야 한다. 예컨대 nau-machos<sup>해전</sup>, hippo-dromos<sup>경마장</sup>에서 이들은 교착어인가? 전혀 아니다. 과거로 거슬러 올라가더라도 ho nau machos<sup>배+싸움</sup>라고 말할 수는 없다. 의미의 관점에서 그렇다. 앞 단어와 뒤 단어의 관계는 어근과 접미사의 관계와 매우 유사하다. 따라서 nau-machos, hippo-dromos는 진정한 합성어이다. 이와 반대로 소위 말하는 합성은 병치에 불과하다고 생각한다. 예컨대 katabainō<sup>아래로 내려가다</sup>는 병치어이다. 서사시에서 여전히 kata bainō<sup>아래로+가다</sup>라고 말할 수 있다. 이는 이 두 단어를 접근시킨 것이고, 합성은 아니다. 라틴어 sub vos placo<sup>아래+당신+굴히다</sup>는 vos sub placo로도 말할 수 있었다. 이 순서는 일상화되어 sub와 placo는 교착되었고, 그 후 음성변화에 의해 supplaco<sup>간청하다</sup> 등이 되었다. 일반적으로 그리스어와 라틴어의 모든

---

32  lieu(장소)+tenant(잡아 두는)의 형태로 분석된다.

합성동사는 병치어이며, 〈심지어 possum = potis sum나는 주인이다도 그렇다〉. 반면 (전치사와 명사로 〈구성〉된) 실사는 그렇지 않다. 독일어도 사정이 매한가지다. 문장을 der zu satz(Zusatz추가)로 말할 수 없고, zu setzen첨가하다으로 할 수 있었다(그 증거로, 어떤 조건에서 zu는 여전히 setzen과 분리된다. er setzt zu). 마찬가지로 프랑스어 단어는 합성과 병치를 구별해야 한다. 아주 흥미로운 사례는 hanc horam이 시간이 교착한 encore(encora)아직이다. l'entredeux중간는 le〈(중성이다!)〉 entre deux둘 가운데가 병치되어 만들어진 단어지만, entreprise기업33는 합성어이다(문장으로 더 분해할 수 없고, la entre prise라고 할 수 없다. 하지만 그렇게 말했는지는 불확실하다!). 역사적 문헌을 통해 이 단어가 생성된 시기까지 거슬러 올라가면, 교착구성과 유추형성을 구별하는 기준은 이와 같다. 즉 새로운 단어가 만들어질 수 있었던 것은 문장 내의 조합에 의한 것인가(교착) 단지 단어 내의 조합에 의한 것인가? 역사적 문헌이 없으면 오해할 수도 있다. 〈유추창조를〉 합성으로도 생각할 수 있는데, 이는 차후에 더 많은 정보가 나타나면 병치가 될 수도 있다.

교착 절차와의 대조로 유추 절차의 특성이 분명해졌으므로 우리 주제인 유추형성으로 되돌아가자. 앞에서 살펴본 바대로 유추형성에는 어떤 단어도 선재하지 않는다. 이와 반대로 이전에는 없던 새 단어를 탄생시킨다. 그 절차는 언어의 단편, 하위부분, 단어로서 존재하지 않던 것을 가지고 새로운 단어를 만드는 것을 의미한다.

---

33  entre + prendre의 형태다.

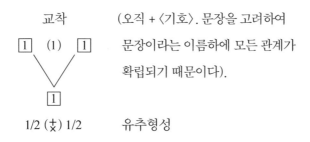

교착         (오직 + 〈기호〉. 문장을 고려하여

문장이라는 이름하에 모든 관계가

확립되기 때문이다).

1/2 (灮) 1/2      유추형성

유추형성은 제작<sub>fabrication</sub>이라는 용어가 적용되는 유일한 조어법이다. 이 제작이 함의하는 것은 1) 산업<sub>産業</sub>, 의지(교착에는 없다!), 2) 단어, 형태가 없는 분리된 단편을 최초로 제작하는 것이라는 점을 부각시킨다는 것, 3) 유추 절차는 창조지만, 기존 요소를 가지고 창조한다는 것이다. 불행히도 이 제작이라는 용어는 인공적 특성이라는 의미를 함의하므로 언어에 대한 사회적 승인을 얻지 못하면 〈(식자)〉 개인의 활동에만 국한된다.

    언어는 단어로 주어지지 않은 요소들을 어디서 취하는가? 이는 이미 살펴보았으므로 다음 결론에 이른다.

1. 이들 요소에 대한 언어감각은 언어에 따라 가변적이지만, 어느 정도는 화자에게 존재한다.

2. 이 언어감각은 단어의 무의식적인 분석 조작, 단어의 내적 분석에서 유래한다.

3. 내적 분석의 유일한 수단은 유사한 단어들을 비교하여 다양한 계열을 대조시킴으로 구현된다. 그렇다면 언어는 의미와 형태가 다른 것은 모두 제거하고, 이들이 동일한 것만 보지한다.

그러면 요소들이 언어의식에 존재하는 것으로 상정할 수 있다. 예컨대 in-décor-able<sub>장식할 수 없는</sub>에서 각 〈단편<sub>분할체</sub>〉은 비교 계열을 통해 전체로부

터 추출된 것이므로 그 단편들은 화자의 이해 범위 내에 미리 존재한
다. 따라서 이것은 즉각적으로 단어로 구현할 것을 함의하는 단어 구성
이다. 차제에 공식적으로 제기할 제안은 이 즉각적 구성이 오직 발화파롤
에서만 일어난다는 것이다. 〈[연필로] 다시 말해서 심적 내부언어langage
intérieur는 발화에 앞서 의도적으로 생각한 것으로 간주할 수 있다!〉 심
적 내부언어를 제외하면, 미리 앞서 생각하는 것이란 없다(〈사실〉 속으
로 자기 자신에게 말을 걸 수 있다). 새로운 형태는 발화파롤에 주어진 후에
언어랑그에 고정된다. 그리하여 하나의 언어〈형태〉가 언어에 획득된다.
〈예컨대〉 indécorable이란 단어〈는〉 언어 내에 잠재적으로 존재하지만,
그 실현 여부는 단어 구성의 존재 가능성과 비교해 볼 때 무의미한 사
실이다. 둘째, 언어에는 요소들에 대한 의식만 아니라 이 요소들을 어떤
순서로 배치하면 서로 영향을 미치는지 〈그 영향력〉에 대한 의식도 있
다. 언어에는 이 요소들의 논리적 의미와 순서에 대한 감각도 있다. 단
어의 내부 통사론은 요소 〈자체〉와 마찬가지로 형태의 비교로부터 추
상된다.

단어 창조를 표상하는 것은 단어 분석에 의한 것인가, 즉 재구성에
의한 것인가, 아니면 단지 4항 비례식에 의한 것인가? 이 두 견해 사이
에 충돌이 있다. 4항 비례식이 우선적이라면, 단어 분석에 대한 가정은
무익하다. indécorable을 만들기 위해 다음 요소들을 미리 분석할 필요
는 없기 때문이다.

in-

décor-

-able

이 단어 전체를 취해서 그것을 등식에 넣으면 된다.

$$comdamner : condamnable = décorer : x$$
$$x = décorable$$

여기서 화자는 문법가의 조작과 아주 유사한 조작을 수용할 필요가 없다는 이점이 있다. 하지만 〈이 분석의 가정이 지배적이라면,〉 어떻게 gast : gäste와 schwanz꼬리 : schwänze꼬리들 같은 단어 형성은 설명할까? 분석이 없었던 것은 어간이 때로는 gast, 때로는 gäst였기 때문이다. 간단하게 gäste의 음성 특성을 gast : gäste = schwanz : x에 이식시켰다. gast+e로 분석하여 제시하면, 4항 비례식 외에 〈무슨 일이 일어났는지를〉 알지 못한다. 하지만 불가능은 없다. 어근, 접미사 등에서 교체가 일어날 수 있고, 이 교체에 대한 언어감각이 적극적 분석과 나란히 존재한다는 점을 지적했다. 이와 같은 방법상의 대립은 인도 문법과 근대 문법 〈사이〉에 발견된다. 근대 문법에서 일반적으로 동사의 과거시제를 형성하려면 4항 비례식을 사용한다. 예컨대 독일어 setzen앉다의 과거형이 setzte이기 때문에 lachen웃다의 과거형을 만들면 등등.[34] 학생들에게는 완전한 형태만을 제시한다. 인도어 문법을 그처럼 가르치지 않는다. 어근 setz-, lach-가 있고, 다른 장으로 넘어가서 과거 어미 -te가 있다는 등의 방식으로 가르친다. 분석 결과를 제시하면, 학생들은 단어를 재구성한다. 모든 산스크리트어 사전에서 동사는 어근 형태로 제시하고 있다. 민족에게 현재하는 언어정신에 따라 이런 방식이나 저런 방식을

34  lachen의 과거형은 lachte이다.

선호한다. 분석적 절차를 선호하는 언어는 고대 라틴어이며(앞의 ăctos, ăgtos, āctus 참조), 라틴어는 어간, 접미사 같은 단어의 구성 부분에 언어 의식이 고도로 발달한 상태에 도달했다.

　유추형성이 진정 언어에서 그처럼 중요한 것인지 그리고 이 현상이 음성〈변화〉만큼 광범위한 것인지 하는 질문을 언제나 받는다. 의심스러운 것은 유추〈현상〉을 〈확인〉하려면, 새로운 형태 구성에 의존해야 한다는 점이다. 각 언어사에 자세히 눈을 돌려 보면, 새로운 형태들은 단지 수없이 첩첩이 축적된 유추현상이다. 한 언어사의 수 세기에 걸쳐 표상되는 엄청나게 많은 유추현상에서, 언어사가의 흥미를 끄는 것은 거의 모든 요소들이 오래된 옛 형태지만 끊임없이 자리를 바꾼다는 것이다. 그리하여 오래된 단어의 요소들을 고찰할 때, 유추는 늘상 동일한 언어소재에 작용하며, 〈영원히 반복되는 이 형태 혁신에 극히 보수적임을 알게 된다〉. 즉 언어는 짜깁기한 옷이라고 할 수 있다. 프랑스어의 5분의 4가 인도유럽어에서 내려온 단어이다. 어떤 단어의 기원이 인도유럽어가 아니면, 그 단어의 구성 요소의 기원이 인도유럽어이다. 유추변화 없이 전수된 단어는 거의 없으며, 모아 봤자 겨우 한 쪽 정도가 될 것이다. est<sup>이다</sup>(esti), et<sup>그리고</sup>(è)가 그 예겠다. 사람들은 ours<sup>곰</sup>도 그렇다고 한다.[35] 전수된 이들 단어는 프랑스어 전체와 비교하면 숫자가 아주 미미하다. 〈그 외의 다른 단어들은〉 이런 방식으로나 저런 방식으로 생겨난 새로운 형태이며, 이 새 형태의 구성 요소들도 더 오래된 고형<sup>古形</sup>에서 가져온 것이다. 즉 유추이동, 다시 말해서 가장 오래된 옛 시기까지 거슬러 올라가는 분석에 뒤이어 일어난 재구성이다. 따라서 유

35　라틴어 ursus에서 유래하며, 이는 원시 인도유럽어(조어) *hrtkos로 거슬러 올라간다.

추의 역할은 과장할 수 없다. 유추〈현상〉으로 야기된 전반적 언어변화는 음성변화로 야기된 변화보다 수가 훨씬 더 많다. 〈그러나〉

## §4
### 유추의 보수적 역할

〈을 말할 근거 역시 있다.〉 유추의 첫 번째 효과<sup>결과</sup>는 새로운 변화에 항상 형태 요소들을 재사용해서 이들을 절약한다는 것이다. 두 번째 효과는 흔히 형태를 온전히 그대로 유지하는 것이다. 라틴어 agunt<sup>그들</sup><sup>은 행한다</sup> 같은 형태를 예로 들자면, agonti로 사용되고 이후 agont로 사용되었던 인도유럽어의 선사 시기로부터 전수된 형태가 ──예측되는 음성변화만 제외한다면── 아무 손상이 없는 것을 알 수 있다. 그 후의 모든 후속 세대는 전수된 형태를 그대로 이어받았다. 유추변화는 없었다. 하지만 agunt는 예컨대 septem<sup>숫자7</sup>처럼 유추의 혜택을[36]

---

36 여기서 문장이 잘려 다음 노트로 넘어간다.

# 노트 III

거의 받지 않은 형태인가? 아니다. agunt의 안정성을 자세히 들여다보면, 〈다른〉 형태의 혁신적 변화처럼 유추가 만들어 낸 작품이다. septem은 고립 형태인 반면, agunt는 체계 속에 틀이 형성되었고, dicunt<sup>그들은 말한</sup><sup>다</sup>, agitis<sup>너희는 행한다</sup>와 같은 형태들과 연대해 있다. 이 유추상의 주위 요소들 없이도 agunt는 〈이 같은〉 유추변화를 겪었을 가능성이 매우 크다. 전수된 것은 agunt가 아니라 ag-unt(ag-ont)이다. 즉 형태는 변하지 않았으나 다른 형태들처럼 분석되었고, 이 형태군#이 그것을 시종 내내 보존하였던 것이다. ag-와 -unt는 이들이 보존된 다른 계열에서도 규칙적으로 확인된다. 〈septimus<sup>일곱 번째</sup>도 분석되는데, 이것이 변화를 겪지 않은 것은 이 형태가 고립되지 않고 계열 전체에 기반을 두었기 때문이다.〉 이들은 유추의 정태적 힘에 끌려 끊임없이 재형성된 형태이다(유추의 역동적인 힘은 혁신이다!). 시기에 따라 재형성되는 것은 ag-와 unt의 결합이다. 사람들은 〈단어를〉 그 단위 전체와 그 구성 요소를 가지고 생각한다. 구성 요소들이 변하지 않는 한 단어는 그만큼 온전히 보존된다. 〈반대로〉 복수 2인칭 lisez<sup>너희는 읽는다</sup>는 유추현상에 영향을 입었고, dites<sup>너희는 말한</sup><sup>다</sup>, faites<sup>너희는 행한다</sup> 같은 것을 재조직했다.[1] 그리하여 형태 보존에는 정확히 상반된 두 조건이 있다. 완전히 고립되거나(septem) [세 번째 노트의 시작] 아니면 본질적 부분이 변하지 않은 체계 내에서 확고하게 틀이 짜여 늘 보존된다(잠재적 유추).

---

1 모두 3변화 동사로 복수 2인칭은 legitis, dicitis, facitis이다. 첫 동사는 유추형으로 변했으나 나머지 두 동사는 옛 형태론의 흔적을 그대로 지니고 불규칙형으로 남아 있다.

# §5
## 민간어원

교착에서 유래하지 않는 모든 단어는 유추형성이라고 말했다. 널리 알려진 한 영역을 생각할 수 있는데, 민간어원이다. 이 현상을 유추형성의 한 특수 사례로 간주할 수 있는지를 알아보자. 여기에 〈해명해야〉 할 이론적 사항이 있다. 이 둘 사이에 장벽이 있음을 인정하고, 민간어원이 유추의 매우 특수한 영역이라는 것을 인정해야 한다. 무엇을 민간어원이라고 부르는가? 임시적인 정의로 만족해야 한다. 단어가 말하는 화자의 입에서 부서지는 것은 그 단어의 전통적 형태로는 이해할 수 없기 때문이고, 또 그 단어의 〈형태 변경을 통해〉 어떤 의미를, 약간의 의미를 보태려고 하기 때문이다. 예컨대 프랑스어 courtepointe(솜을 넣고 바느질한 침대보)는 court<sup>짧은</sup>와 상관없는 단어이고, 원래는 coute‑pointe였다(coute〈couette<sup>깃털이불</sup>의 변이형〉 = couverture<sup>덮개</sup>, pointe = piquée<sup>찔린</sup>, poindre<sup>찌르다</sup>의 과거분사). 어떤 단어가 관계가 없는 단어와 연관되는 경우에만 민간어원이라고 말한다. 예컨대 (surdité<sup>난청</sup>가 아닌) 'sourdité'<sup>무성성</sup>에는 이 민간어원을 적용할 수 없다. 자연적 단어족에서 취한 것이 아니기 때문이다. 모든 유추형태는 그것이 만들어지던 시기에 부정확어법<sup>barbarisme</sup>이었다고 하면, 민간어원으로 구성된 형태는 진정 횡설수설이었다.

모든 범주의 단어가 이러한 민간어원에 의한 형태변화에 노출된 것은 아니다. 이러한 단어들은 다음처럼 지적할 수 있다.

1. 외국어에서 차용된 단어
2. 학술어

3. 희귀어(〈곤충, 식물 등의〉 명칭과 같은 단어, 사냥꾼의 용어, 양치기의 어휘). 이들 범주의 단어가 가진 공통점은 내포하는 관념이 반쯤 불투명하고, 그중 일부는 〈그 단어를 들을〉 기회가 잘 없어서 기억이 희미하다는 것이다. 가능한 한 이 민간어원을 자세히 분류해서 이들이 유추형과 어느 정도로 유사한지 알 필요가 있다. 다음 사항을 지적할 수 있다.

1. 민간어원은 잠재적인 것으로 남아 있다. 즉 단어의 해석을 통해서만 그 존재가 분명히 드러난다. 그것도 형태변화를 일으키지 않고 우연히 말이다. 이 사례들은 실제의 민간어원만큼이나 많다. 독일어 <u>durchbläuen</u>(매질하다, 때리다)은 blau<sup>푸른, 명든</sup>와 언뜻 연관되나(타격이 남긴 **푸른 멍**이란 관념?) 실제로는 아무 상관이 없다. 그 유래는

$$bliuwan \quad \text{'매질하다'}$$
$$û$$
$$eu$$

이다. 따라서 형태는 변치 않았으나 이 단어를 다른 어휘족과 연관 지은 민간어원이 있었다.

　　중세에 <u>aventure</u>는 독일인에게 차용되었고, 〈독일어에서〉 abentüre 가 되었으며, 그 후 규칙적으로 Abenteuer<sup>모험</sup>로 바뀌었다. 하지만 민간어원 때문에 Abenteuer는 Abend<sup>저녁</sup>와 관련지어졌다(저녁마다 얘기하는 〈것〉!). 철자 증거로는, 18세기에는 다음과 같이 썼다.

$$\boxed{abendtheur}$$

중세 프랑스어에서 soufraite(= 결핍)는 souffreteux로 썼는데, 오늘날 프랑스 사람은 이와 아무 상관없는 souffrir고통받다와 관련된 것으로 해석한다.

bille는 배를 끌기 위해 밧줄을 묶어 놓은 통나무였다. 여기서 a-biller(조정하다, 함께 〈배열하다〉)가 생겨났다.

〈 habiller 〉

는 글로 적은 문서인데(h는 묵음인 채 〈발음〉을 변경하지 않는다), 〈abiller〉를 habit옷와 관련지었음을 〈보여 준다〉. rabilleur(= 시계의 부품을 끼워 맞추는 자, 수리공)에서 bille의 의미를 다시 엿볼 수 있다. 오늘날은 rhabilleur로 쓴다. 민간어원은 이 단어에도 영향을 미쳤는가? "여러분의 평가에 맡긴다"(소쉬르).

동사성 명사 lais = 내버려 둔 것, 이는 laisser남기다에서 유래한다. 오늘날 이 단어는 léguer남기다와 관련되고

legs유산

〈로 쓴다〉(발음은 le이다[2]). 하지만 이 단어의 형태는 일그러졌다고 한다. 왜냐하면 leks(leg)로도 말하는 것을 들을 수 있기 때문이다! 이것은 또 다른 문제이다. 이러한 형태 변형은 문자로 인해 일어난다(오류에 대한 장 참조). 철자법 〈그 자체〉는 민간어원으로 생겨났다. 민간어원은

2 [lɛg]로 발음하기도 한다.

단어의 (구어) 형태를 즉시 변경시킬 준비를 갖추고 우연히 일어나므로, 자신의 시각을 확인하려면 철자가 필요 없었다.

2. 민간어원은 실제적이지만 새 단어를 만들지 못하며, 이미 알려진 옛 단어로 구성되므로 〈그것은〉 언어에 기여하지 못한다.

보불전쟁 때 프랑스의 어떤 주에서는 독일어 landwehr<sup>예비군</sup>를 langue verte<sup>은어</sup>로 불렀다. 이 단어는 기존 어휘에 새로 추가된 단어는 아니었다. langue와 verte<sup>푸른</sup>는 기존에 이미 있던 단어였기 때문이다.

huile de foie de morue<sup>간유</sup>에 대해 만든 huile de foie d'amoureux<sup>미약</sup>도 마찬가지다.

영어에서 bloody<sup>빌어먹을</sup>는 저주 표현으로, by Lady<sup>빌어먹을, 제기랄</sup>에서 유래하는 단어이다. 이는 기존에 있던 단어이고, 완전히 새로운 단어는 아니다. 왜냐하면 bloody에 피(바로 그 피!)란 관념이 섞여 있기 때문이다.

라틴어 Dromedārius<sup>단봉낙타</sup>는 독일어 Trampeltier가 되었다.[3] 이것은 복합어로서 새로운 단어이지만, 기존에 있던 trampeln(짓밟다)으로 구성될 수도 있었다.

Margarīta<sup>진주</sup>는 고대 고지 독일어

mări ⎫
     ⎬ -greoz   (〈바다의〉 돌)
měri ⎭

가 되었다. 합성어로서 měrigreoz는 새로운 단어이지만, měri와 greoz는

---

3  trampel(짓밟다)+tier(동물)로 재해석이 이루어졌다.

이미 독일어에 있던 단어이다.

3. 민간어원의 형태는 실제적이지만 기존 단어에 속하지 않으며, 새로운 단어를 만들지 못한다.

carbŭnculus(조그만 석탄)는 프랑스어 escarboucle<sup>석류석</sup>가 되었다. 이는 독일어 Karfunkel이 되었는데, 사람들이 funkeln(불꽃이 튀다)을 연상했기 때문이다. 이 단어는 합성이라는 점에서뿐 아니라 첫 요소 kar-가 독일어에 대응하는 것이 없다는 점에서 새로운 것이다.

유산을 남긴 자를 뜻하는 독일어 Erb/lasser는 사람들이 악센트를 옮겨 Er/blásser로 말했는데, blass〈(죽은 자처럼 얼굴이 희어지다)〉를 떠올렸기 때문이다. 〈Erblasser:〉 얼굴이 희어진 자, 죽은 자.

sûrkrût에서 유래하는 Choucroûte<sup>양배추절임</sup>는 choux<sup>양배추</sup>와 연관되어, 이로 인해 s가 ch로 바뀌었다. 음성적으로는 souk…이어야 한다.

파리의 Trocadéro[4]는 독특한 건물(무어 양식의 두 탑과 역시 탑 모양의 〈중앙부〉) 때문에 일부 파리 주민은 이를 trois cadéros<sup>세 개의 탑</sup>로 불렀다 ("나는 세 개의 탑으로 간다"). 이 단어형은 trois<sup>숫자 3</sup>와 관련된 것이다.

maladrerie(나환자를 위한 병원)는 maladerie를 가리켰고, 이 단어는 malade<sup>아픈, 환자</sup>에서 유래한다. 그런데 이는 ladre(나병의), ladrerie<sup>나병</sup>의 영향으로 생겨난 단어이다.

calfeutrer<sup>틈을 메우다</sup>는 이 단어와 상관이 없는 요소 feutre<sup>펠트</sup>를 가졌는데, 그것은 원래 calfater(연결 부위, 틈, 구멍을 콜타르로 칠해서 물이 안 들어오게 막다, (소형 보트를) 방수하다)에서 유래한다. 이것이 calfeter, calfetrer로 바뀌었는데, feutre, feutrer의 영향 때문이다.

---

4 에펠탑의 센강 건너편 지역. 샤이오 궁과 트로카데로 정원 등이 있다.

때로 민간어원은 의미의 변화 없이, 단지 접미사 음절과 관련된 것도 있다. 이 경우는 민간어원이라고 부를 수 없다. 예컨대 homard(고대 노르드어 humarr<sup>랍스터</sup>에서 차용. 덴마크어와 독일어 hummer 참조)는 프랑스어 –ard(hasard<sup>우연</sup> 등)로 된 단어들에 대한 유추에서 어말에 d가 첨가되었다.

이제 민간어원으로 만들어진 이 신어들이 어느 정도 〈유추와〉 독립된 것인지 〈거기에 속하는지를〉 알아볼 때가 되었다. 무엇보다도 민간어원에는 해석이나 기껏해야 재해석<sub>Umdeutung</sub>, 즉 의미를 전이시키는 해석이 들어 있다. 유추는 특히 해석에 기반을 두는데, 이는 우리가 살펴보았듯이 여러 가지로 분석해 보려는 시도로 귀착된다. 따라서 유추의 분석 시도와 예컨대 marigreoz의 분석 시도를 참조하라. 그러나 이러한 유사성에 속아서는 안 된다. 이러한 분석의 대상이 무엇인지를 알아야 한다. je traisais(유추형성〈의 유형〉)의 기저에는 해석과 분석이 있다. 그러면 무엇에 대한 해석과 분석인가? je trayais<sup>나는 젖을 짜고 있었다</sup>에 대한 것? 아니다. 모든 것이 trayais를 중심으로 분석된다〈(예컨대 taire<sup>숨기다</sup> : taisais〉). 그것만이 망각되고, 망각되어야 하고, 그 결과 경쟁형 traisais가 출현했다. 이러한 이유로 유추형을 신어<sub>新語</sub>라고 한다. 이 신어 생성은 교체한 것에 기반하지 않는다.

이와 반대로 민간어원에서 분석되는 것은 옛 형태이다. 예컨대 maladerie가 일차적으로 분석되고, 그 후에 ladre가 분석된다. 민간어원 형태는 무엇보다도 옛 형태가 기억된다는 것을 전제한다. 불완전하나마 옛 단어가 기억의 시야에 들어온다. 따라서 한편으로는 망각과, 다른 한편으로는 기억이 〈단어 분석의 기저〉라는 사실은 민간어원과 유추의 넘지 못할 경계이다. 민간어원에서 새로운 단어는 교차<sub>croisement</sub>와 혼합hybridation으로 생각된다. 두 단어를 가지고 한 단어를 만들기 때문이다. 그런데 이는 오해에서 생겨난 것이다. 단어의 차이와 구별을 명확히 인식하지 못해서 상관 없는 두 단어를 교차시키고 뒤섞는 것이다. 두 단어의 접촉으로, 영향만이 아니라 융합도 일어난다. 〈유추의 극단적이고 특수한 적용이지만,〉 변태적이고 병리적인 것으로 간주되는 단어도 있다. 왜냐하면 이 민간어원은 소수의 단어 범주에 국한되기 때문이다. 민간어원은 유추와는 다른 작용이며, 오직 특수한 조건에서만 작동한다. 이 두 가지 관점으로 인해, 〈민간어원과 유추를〉 분리하고, 민간어원을 단어 형성법으로 부르면 안 된다. 오히려 단어의 변형이라고 해야 한다.

음성변화와 유추형성은 언어학의 동일한 하위분야, 즉 언어변화에 속한다(여기서 문자는 제외한다). 이들이 언어진화의 두 형식이다. 이제 가장 자연스러운 관점은 언어를 정태적 관점에서, 즉 일정 상태의 언어를 고찰하는 것이다. 언어상태에는 문법으로 부를 모든 사항이 포함된다. 문법은 실제로 상호 동시적 단위들의 체계를 전제로 한다. 학기 말(7~8강!)이 되어 이제 정태언어학은 더 이상 다룰 수 없다. 차후에 이는 한 학기 전체 강의의 주제가 될 것이다.

　진화언어학에 대해 몇 가지 지적할 것이 남아 있다.
진화언어학의 주요 분야를 언어의 역사로 부르면, 제대로 된 정확한 명칭이라고 볼 수 없다. 명확한 새로운 명칭을 채택하는 것이 좋겠다. 오히려 언어의 통시태(언어상태를 상호 대면시킨 계기적 언어상태)와 언어의 공시태(단 하나의 언어상태 내에 있는 일정한 언어사실)로 부르는 게 더 낫다. 따라서 언어에는 두 개의 장이 있다. 통시적 장과 공시적 장이 그것이다. 일반적으로 우리는 전자의 장, 통시적 장에 머물렀다. 우리가 모음교체를 다룰 때, 곧장 공시적 장으로 단번에 진입했다. 언어의 통시적 장에는

| 음성변화 | 유추창조 | 병리현상 (민간어원) |
|---|---|---|

이 포함되며, 이 통시적 장은 완연히 다른 두 관점에서 늘 고찰할 수 있다.

전망적 관점
전 시기로부터 출발해서
후 시기로 가는 관점

회고적 관점
후 시기로부터 출발해서
전 시기로 가는 관점

우리는 언어 연구를 종합하기에 (발생론적 사실이 아니라) 결과론적 사실을 늘 취하는 전망적 관점에만 매여 있었다. 전망적 관점에 도달하려면, 우선 회고적 관점을 통과해야 한다. 언어학자의 모든 언어 연구는 〈우선은〉 회고적이다. 가장 기본적인 음성법칙조차 전망적 관점에서 시도할 수 없다. 언어학에는 현재 상태에 있는 것을 취해서 과거로 거슬러 올라가는 것 이외에는 과거의 언어상황을 설명할 수 있는 방도가 없다. 이처럼 언어분석을 먼저 행한 후에 종합적 고찰을 하고, 일반법칙을 설정할 수 있다. 이 일반법칙의 성격은 〈다를 것이다. 언어학에서는 분석적 = 회고적이고, 종합적 = 전망적이다.〉 우리는 언어분석의 〈결과〉를 전망적 관점에서 취했다. 전망적 방법과 회고적 방법의 차이는 항상 명확하게 드러난다. 심지어 교육적인 견지에서도, 〈이 두 방법을 한 저

서에서 뒤섞는 것은 좋은 방식이 아니다). 전망적 음성변화표를 만드느
냐 회고적 음성변화표를 만드느냐에 따라 아주 상이한 〈두 변화표〉를
갖게 된다. 그래서 라틴어에서 프랑스어로 일어난

의 음성변화〈를 연구할 때〉, 관점은 전망적이다. 어떤 프랑스어 음성(예
컨대 ai, è, ou)이 라틴어의 어떤 음성을 나타내느냐고 〈누군가에게〉 묻
는다면, 〈이는 회고적 방식이다〉. 그런데 완전히 다른 음성들이 하나의
동일한 프랑스어 음성으로 바뀔 수도 있다.

그러나 〈이와 반대로〉 프랑스어 oi가 과거의 라틴어에서 어떤 음성이었
는지를 묻는다면, 〈전혀 다른 방도로 추적해야 한다.〉

〈마찬가지로 유추형 구성을 전망적 변화표와 회고적 변화표로 작성한

다면, 그 변화표는 달라진다.〉 자주 재출현하는 용어, 즉 <u>어원</u>이 있다. 이 용어는 시간상의 변형을 환기시킨다. 그러나 어원을 하나의 학문이나 학문 분야로 생각해서는 안 된다. 그것은 두 차원(통시적 차원과 공시적 차원)이나 〈우리가 말한〉 두 관점(전망적, 회고적 관점)을 적용한 것이다. 어원은 단어의 과거로 회귀하는데, 어원을 설명하거나 밝혀 주는 사실을 발견할 때까지 〈거슬러 올라간다〉. 결국 단어를 설명한다는 것은 현재 그 단어에 있는 관념이나 의미작용과는 다른 관념과 의미작용을 발견하는 것이다. 단어의 현재 의미를 더 단순한 관념으로 귀착시키는 것이 아니다. 프랑스어 동사 tendre<sup>뻗다</sup>가 〈라틴어〉 tendĕre<sup>펼치다</sup>에 해당한다고 하면, 이 확인된 사실을 어원이라고 부를 수 없다. 그러나 pondre<sup>낳다</sup>에 대해 ponĕre<sup>놓다, 두다</sup>를 제시하고, 이것으로 만족하면 이는 어원이다. tendĕre와 tendre처럼 〈ponĕre와 pondre<sup>알을 낳다</sup>에서는〉 아무 변화도 일어나지 않았다. 그러면 차이는 어디서 생기는가? tendere와 tendre의 관념은 같다. 반면 ponĕre는 pondre보다 더 일반적이고 광범위한 의미가 있다. morgen '내일'을 Morgen '아침'으로 귀착시키면, 어원으로 간주될 수 있다. 이는 하나의 설명이다(지금은 저녁인데, 아침은 내일이다).

다른 관념을 설명하기 위해 여러 수단을 이용하지만, 늘 회고적으로 연구하는 조작 작용 자체에는 관심이 없다. 때로 나는 순수 음성학을 다룬다. separare<sup>나누다</sup>에서 유래하는 sevrer<sup>빼앗다</sup>(두 가지 개념으로 나누어져 또 다른 관념 〈se-parare<sup>별도로·준비하다</sup>〉에 이른다).[5] 때로는 유추를 이용한다. pugnus<sup>손목</sup>에서 유래하는 pugnarer<sup>싸우다</sup>. 세 번째 경우에는 때로는 음성, 때

---

5  라틴어 separare에서 음성변화를 통해 유래하는 고대 프랑스어 sevrer와, 라틴어 separare에서 차용한 séparer는 쌍립어를 이룬다.

로는 유추가 이끄는 실마리를 따라간다. 이는 매우 복잡한 문제이다!

따라서 우리는 진화언어학에 속하는 장에서는 어원론을 당연히 배제한다.

# 제3장 인도유럽어족의 내적·외적 역사 개관

언어의 일반적 분류는 정태언어학을 전제로 하는 것 외에도 금번 학기 말에 다루기에는 주제가 너무 광범위하다. 그래서 인도유럽제어를 개관하는 것으로 그치겠다.

## §1
## 언어유형

인도유럽어족을 논하는 것은 다른 어족과 비교하거나 그 어족 자체만을 다루기 위한 것이다. 언어를 비교한다는 것은 무슨 의미인가? 어족은 정의상 이질적이다. 어족을 논하는 사람은 그 어족 내에 모든 관련 사항을 포함하고, 관련 없는 모든 사실은 제외시킨다는 의미이다. 만일 일치하는 것이 있다면, 채택한 어족의 틀을 버리고, 예컨대 더 광범위한 셈-인도유럽어족을 인정할 것이다. 그러면 무엇을 비교하는가? 차이를 비교하지만, 정확히 말해서 다른 어족에 속하는 단어들과의 차이는 아니다(예컨대 셈어 ibn, iben과 인도유럽어 sūnus. 둘 다 '아들'을 의미한다). 문장이든 단어든 그 구조의 관점에서 사고표현의 문제를 해결하는 것이 중요하다. 대립하는 언어유형을 말하면, 그것은 실제로 언어구조를 염두에 두는 것이다. 비교하는 것에는 지각하든 지각하지 못하든 무언가 공통점이 있어야 한다. 그래서 어족 비교에서 비교의 대상은 인간의 사고이다. 인간 사고표현의 차이를 비교함으로써 (언어구조의 관점에서) 여러 언어유형을 설정할 수 있다.

굴절어 유형(인도유럽어)

단음절어 유형(분할할 수 없는 어휘라고 말하는 것이 훨씬 낫다. 단
　　　음절 유형은 구조와는 아무 관계가 없기 때문이다.)

교착적·다통합적 유형


이 유형 연구는 무엇이며, 그 근본적 특성은 무엇인가? 문장의 여러 부
분의 상호 관계를 다룬다면, 완전히 정태언어학을 연구하는 것이다. 언
어의 모든 구조, 모든 체계는 동시적 요소를 전제하며, 이 구조는 문법
에 속하기 때문이다. 다수의 개별언어에 대한 개별문법을 연구하기 전
에 어족을 비교하지 않는 것이 훨씬 좋겠다. 따라서 앞으로는 인도유럽
어족만 다룰 것이다. 그렇지만 그전에 잘못된 두 가지 견해에 유의해야
한다. 1) 언어유형을 어족과 연관짓지 말 것, 2) 언어유형과 어족을 근
본적이고 불변의 사실로 생각하지 말 것. 사실상 학자들은 어족과 언어
유형(=구조, 사고를 표출하는 방식)을 뒤섞어 버렸다. 그래서 일정한 언
어유형은 인종 문제처럼 한 어족에 영원히 뿌리박은 속성처럼 되었다.
이는 여러 가지 원리를 오해한 결과이다. 우선 정태 상태란 결코 영원
한 것이 아니라 언제나 통시적 사건에 노정된다. 다음으로 언어유형과
어족의 구성에 어떤 의도를 엿볼 수 있다. 그런데 이 의도는 변화에 노
출되며, 비의지적 요인, 즉 완전히 기계적인 음성적 요인에 의해 뒤집힐
수 있다. 일정한 시기에 존재하는 사실이 오랜 기간 존재할 수 있지만,
영원히 존재하지는 않는다. 언어유형은 시기가 바뀌면 다른 어족에 속
할 수도 있다. 영어는 잘 알려진 사례이다. 영어는 거의 굴절이 없는 상
태가 되었고(이는 유형 해체의 영향이 아니라 단지 어말음절이 마모된 것
이다!), 좀 더 시간이 지나면 굴절이 완전히 사라질 것이다. 그러면 소

속 언어가 모두 굴절유형인 인도유럽어족 내에 유형이 다른 언어가 존재하는 것이 된다. 다통합적 언어에서 다른 예를 들어 보자. 〈미국 인디언어. 교착어와 관계가 있는 언어.〉 이들 언어는 완전한 문장들로 이루어지는데, 여기서 다통합적이라는 명칭이 유래한다. 예컨대 '나〈너〉-사냥감-우두머리에게-바친다'je〈tu〉-gibier-au chef-donne이나 '나-그의-여동생-결혼한다'je-sa-soeur-epouse 같은 것이다. 각 문장은 단 하나의 단어로 구성된다. 이 같은 문장은 전달되면서 음성변화를 겪는다. 예컨대 '나그생혼한다'je sarpouse같이 된다. 이 시기에 오면, 문장의 각 요소는 더 이상 인지할 수 없고, 문장은 한 단어처럼 느껴진다(다통합어). 그리하여 우연한 음성변화로 특수한 유형의 단어가 생겨난다. 그러므로 언어유형은 근본적인 것이 아니고, 반드시 기원에서 유래하는 것도 아니다. 시간상에서 우연히 생긴 통시적 성질을 결코 망각해서는 안 된다.

계기적 상태로 고찰한 인도유럽어는 어족에 적용된 통시적 연구이다. 이 어족은 언어군의 크기만 다를 뿐이다. 그래서 인도유럽어 전체를 살필 수도 있고, 단지 프랑스어, 게르만어만을 고찰할 수도 있다.

특정한 관점을 포착하면, 이를 항상 함의된 하위사항으로 보완하지만, 연구는 여전히 동일한 지리적인 지점에 머물러야 한다. 일반적인 통시원리만 다룬다면, 이 지리적 관점은 고려할 필요가 없다.

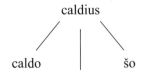

이 현상은 두 언어 양편에 모두 동일하고,[6] 단지 시간 문제만이 중요하다. 그러나 고립어를 다루면, 영토상의 구분이라는 관점이 기본이 되며, 인도유럽어든 다른 어파든 상관 없다. 우리는 현대어든 고대어든 다소 많은 언어를 다루지만, 그 기원에 대한 역사적 자료는 존재하지 않는다는 점을 선험적으로 예견해야 한다. 언어의 최종 시기는 알 수 있으나 최초 시기의 언어는 직접 얻을 수 없기 때문이다. 예컨대 바빌로니아의 아시리아 점토판(설형문자 명문)조차 원시 셈어의 모습을 갖고 있지 않다. 〈이는 모든 하위어족이나, 친근관계가 가까운 게르만어의 모든 하위 소어군에도 해당한다. 고대 게르만어는 선사시대의 언어이다. 심지어 소小발트어군도 사라진 원시언어 유형을 복원할 수 있는 문헌이 없다.〉 유일한 예외는 로망스어인데〈로마가 정복한 지방의 로마화 덕분!〉, 이 사례조차 인도유럽어의 단 하나의 하위어족일 뿐이다. 이러한 증거 부족을 어떻게 해결할 수 있는가? 첫 번째 작업은 소멸한 언어, 즉 인도유럽어의 선사先史를 어떤 방법으로 어느 정도 복원하고 재구할 수 있는가를 밝히는 것이다.

따라서 첫 번째 작업은 원시언어를 재구할 수 있는지, 가능하다면 어떻게 재구할지를 알아야 한다. 로망스어 학자만이 이 문제를 해결했고, 인도유럽어 전체는 그러하지 못했다.[7] 따라서 민중 라틴어에서는 totus전체가 아니라 tutus였고 augustus장엄한가 아니라 agustus였다는 사실은 오직 재구를 통해서만 알 수 있다. 이 언어재구에서는 (〈음성변화와〉 유추가 인도유럽어의 무엇을 변화시키고 생성했는지를 찾기 위해) 회

---

6  라틴어 caldius > 이탈리아어 caldo, 프랑스어 chaud[šō]이다.
7  로망스제어에는 그 조어인 라틴어가 있고, 더욱이 오랜 기간 풍부한 문헌자료를 갖고 있기 때문에 재구된 조어 형태를 문헌자료와 직접 대조하여 그 타당성을 입증할 수 있다.

고음성학과 형태론을 연구해야 한다. 우리는 인도유럽 언어학의 역사가 아니라 인도유럽어의 역사를 연구한다. 하지만 보프〈독일의 문헌학자(1791~1867)로서 『비교문법』의 저자〉[8]의 발견(1816)[9]을 상기해야 한다. 그는 산스크리트어에서 시사를 얻어 인도유럽어의 친근관계라는 개념을 고안해 냈다. 그러나 산스크리트어가 인도유럽조어가 변화하기 전에 간직한 최초의 시기를 보여 준다고 생각한 것은 불합리한 것이다. 산스크리트어( = 고대 힌두어. 우연히 잘못 붙은 이름!)는 (단지 그 역사적 문헌이 오래된 것을 제외하면) 어느 인도유럽어와도 별반 다를 바 없다. 산스크리트어는 그 이후에 와서 원시언어라는 개념과 혼동한 것이었다.[10] 여기에서 언어학자들이 오류를 저지르기는 했지만, 산스크리트어가 가진 진정한 특성은 오해하지 않았다.

극서지방부터 인도유럽제어에 대한 조사 개관. [노트 III, p.25, l.7부터 p.38, l.22까지 생략.][11]

---

8  Franz Bopp(1791~1867). 독일의 비교언어학자이자 인도유럽언어학자. 파리에서 4년간 머물며 대부분의 시간을 도서관에서 산스크리트어 문헌들을 연구했다. 본문에 등장하는 『비교문법』의 원제는 『산스크리트어, 젠드어, 그리스어, 라틴어, 리투아니아어, 고슬라브어, 고트어, 독일어의 비교문법』(*Vergleichende Grammatik des Sanskrit, Zend, Griechischen, Lateinischen, Litthauischen, Altslawischen, Gotischen und Deutschen*, 1833~1852)이다.

9  『그리스어, 라틴어, 페르시아어, 게르만어와 비교한 산스크리트어의 활용체계』(*Über das Conjugationssystem der Sanskritsprache in Vergleichung mit jenem der griechischen, lateinischen, persischen und germanischen Sprache*, 1816)를 가리킨다. 이 책에서 보프는 이들 여러 언어의 문법형 재구에 심혈을 기울였다. 그는 제자인 미셸 브레알의 초청으로 파리에서 연구하고 강의한 후에 귀국하여 이 대작을 완성하였다.

10  초기에 학자들은 산스크리트어가 인도유럽어 가운데서 가장 오래된 언어, 심지어는 그 조어라고 생각했다.

# §2
## 인도유럽 언어 개관

우리는 1) 명칭, 2) 지리적 경계, 3) 가장 오래된 기록 자료를 고찰할 것이다.

## I. 켈트어

이용 가능한 가장 옛 시기의 **언어영토**는 브리튼섬, 대<sub>★</sub>벨기에, 헬베티아. 또한 에스파냐의 거주지, 요컨대 지속적인 침략으로 인한 대<sub>★</sub>키살피나 지역이다. 나아가 켈트인의 잔존 거주 흔적이 다뉴브강 계곡을 따라 〈불가리아까지〉 남아 있다(지명을 통해 남아 있다!). 이처럼 넓게 켈트 대제국을 염두에 둘 수 있다. 그리스의 켈트적 요소는 이처럼 설명된다. 마지막으로 소아시아의 갈라티아왕국이 있는데, 기원전 278년에서 188년까지 지속되었다.

분류:

| A. 게일어파: | 기록 자료: |
|---|---|
| 아일랜드어 | 명문(오검 문자) |
| 스코틀랜드 게일어 | 주해서(8세기 이래) |
| 맨섬 | 11 또는 12[세기] 이래 문학 |

---

11  원서에서 생략한 부분을 고마쓰의 일본어판(1993)에서 번역해 실었다. 이어지는 §2가 이에 해당한다. 좀 더 상세한 내용은 본 한국어판의 『3차 강의』 중 1911년 1월 9일 자 강의부터 시작하는 '지구상 〈개별언어의〉 가장 중요한 어족의 지리역사적 현황' 부분을 참조.

B. 브리튼어파

웨일스어 또는 킴리어(11세기 이래 문학작품)

콘윌어는 18세기에 소멸

프랑스의 브르타뉴어, 아르모리카어(브리튼섬에서 전적으로 수입된 것이고, 골어의 잔존어는 아니다), 8세기 주해서. 14세기에 더 풍부한 문학 텍스트

C. 골어를 더 잘 안다면 하위로 더 세분할 수 있다. 단지 소수의 명문, 고유명사, 그리스와 라틴 작가들이 전해 준 몇몇 단어만 남아 있다. 'Gallois'<sup>웨일스인</sup>는 'Gaulois'<sup>골인</sup>와 아무 상관 없다. Gallois 는 게르만인과 대조해서 Wales<sup>웨일스인</sup>(Welches<sup>헬트인</sup>, Walaches를 가리키는 옛 켈트 단어!)를 프랑스어로 바꾼 단어이다. Gaëlique<sup>게일어</sup>는 gaedheel(gaël 또는 gèl로 발음)에서 유래한다. Kimry<sup>킴리인</sup>은 Cimbres <sup>킴브리인</sup>와는 상관이 없다(Cimbres는 Combrages에서 유래했는데, 서로 접경하고 있다).

II. 이탈릭어군[12]

**언어영토**는 켈트어만큼 제한적이지만 아주 넓었다. 단지 이탈리아 중부가 포함될 뿐이다. 북부는 에트루리아어(비인도유럽어)가 점유하였다. 리구리아어와 베네치아어(인도유럽어지만 〈움브로라틴어와는〉 다른 어파일 것이다). Gaurois(인도유럽어) 참조.[13] 남부에 인도유럽 주민이 살

---

12 이탈릭어는 이탈리아어와 다르다. 이탈릭어는 이탈리아반도에 살던 종족이 사용하던 모든 언어의 조어 개념으로, 여기에는 오스크어, 움브리아어, 베네치아어 등의 사어도 포함된다. 켈트어와의 연관성을 고려하여 이탈로켈트어라는 조어를 설정하는 학자도 있다.

았는지는 알지 못한다. 이탈리아 중부는 나머지 지역과 관계가 없다.

북부: 움브리아어—기원전 2~3세기 명문

남부: 오스크어

동부: 사벨어군

서부: 라티움 지역의 언어로서, 이것만이 영광을 누렸다. 문학에 앞서 출현하는 명문은 기원전 300년이다. 포룸[14]의 명문은 기원전 5세기일 것이다.

III. 알바니아어. 일리리아의 인도유럽어의 후신. 17세기 이후에 알려졌으며, 이질적 요소가 아주 많이 섞여 있는데, 이로부터 끌어낼 정보는 별로 없다. 발칸반도에 널리 분포. 알바니아인은 이탈리아 남부에도 촌락을 이루었다.

IV. 그리스어

언어영토의 경계를 설정하기가 그리 간단하지 않다. 예컨대 미노아인과 에테오크레타인(소아시아) 같은 주민은 그리스인들 가운데서 가장 오랫동안 살았다. 렘노스섬의 최초 거주민은 신테스인(문자적인 의미는 '약탈자, 해적')이며, 호메로스가 언급한다(『일리아스』1-594, 『오뒤세이아』 8-294). 거기에 몇몇 명문을 남겨 놓았으나 이해할 수 없다. 이들은 이오니아처럼 렘노스섬에 식민 지배자로서 출현했다. 핵심 밀집 지역은 결정하기 어렵다. 요컨대 식민지 전체(예컨대 마르세유, 이탈리아 남

---

13  고대 이탈리아반도 북부에 갈리아족 일파(키살피나 갈리아)가 살았으며, 이들의 언어는 켈트어이다. 여기서는 인도유럽어를 가리키므로 Gaurois가 정확히 무엇인지 불확실하다.

14  로마의 가장 중요한 고고학적 유물 발굴지인 포룸 로마눔을 의미한다.

부의 식민지는 아주 오래되었다!)를 잊어서는 안 된다.


방언. 그리스어의 하위 분류

**도리스어**: 펠로폰네소스 반도 전역. 단, 아카디아, 엘리스, 크레타, 에게해 섬들 일부(남부의 로도스), 시칠리아와 이탈리아 남부의 식민지들(타란토)은 제외.

**아이올로스어**: 보이오티아, 테살리아, 레스보스섬.

**미에올리스어**: (아르카디아키프로스어)

**엘리스어**: 엘리스의 방언

**북서부 방언**: 에페이로스, 아카르나니아, 로크리스, 포키스 등

**이오니아어**(아티카): 유보이아와 그 식민지(나폴리, 키메), 에게해 섬들 일부, 이오니아 데카폴리스(소아시아)

기록 자료: 기원전 7세기의 명문은 꽤 오래되었지만 잡다하다. 그리스어의 하위분류 방언과 정확히 일치하는 것이 전혀 없다.

마케도니아어? 그리스어로 불리는 어군에 속할 수 있는가? 기록 자료가 없어 확정할 수 없다. 마케도니아어에 대한 가장 최근의 저술(1906)을 발표한 호프만은 그리스어에 속한 것으로 분류했다(I, 54).[15]


V. 트라키아어군 — 헝가리까지 사용되던 다키아어와 더불어 형성. 트라키아 방언들 전체는 물론 인도유럽어인 듯하다. 비잔틴 시기에 알려진 고유명사(인명, 지명)가 우리가 가진 유일한 기록 자료이다.


15  여기서 언급되는 책은 오토 호프만(Otto Hoffmann)의 『마케도니아인 : 언어와 민족성』(*Die Makedonen: ihre Sprache und ihr Volkstum*, 1906)이다.

## VI. 게르만어

**언어영토**: 기원전 114년(킴브리인과 튜턴인의 침입)에 게르만인의 게르마니아에 존재했는지는 알려진 바가 없다. 킴브리인과 튜턴인은 게르마니아에서 유래하지만, 이곳에 정착했는가?(튜턴어와 도이치어는 아무 관계가 없다!) 58년에 카이사르는 라인강안에서 게르만인을 발견했다. 3세기에 게르만 주민은 라인강으로부터 스칸디나비아와 아조프해까지 분산 거주했다. 이들이 연속된 연쇄를 이루며 산 것은 분명 아니었다. 몇 세기 후에 이와 정반대 상황을 보게 된다. 슬라브인의 침입으로 신게르마니아는 아주 협소해졌고, 엘베강까지 확산되었다. 서부와 남부로도 확장될 수 있었다. 시기에 따라 게르만인은 지리적으로 아주 다른 개념을 보여 주며, 따라서 유동적인 개념이다.

A. 북게르만어(스칸디나비아어) : 룬 문자 시대(가장 오랜 룬 명문은 서기 950년으로 거슬러 올라간다)에는 이를 구별할 여지가 아직 없다. 따라서 언어 통일을 인정할 수 있다. 그 후에 고대 노르드어 + 아이슬란드어(800년에 식민지화)를 구별해야 한다. 문학 텍스트는 아이슬란드어이고, 가장 오랜 문학은 1100년경에 시작된다. 고대 스웨덴어와 고대 덴마크어는 그리 중요하지 않으며, 더 후대에 와서야 알려졌다.

B. 서게르만어
1) 민족 : (좀 더 명료하게 알기 위해)
알레만니족, 바바리아인(〈Bajovari, Bavarois〉), 슈바벤인, 튀링겐인, 프랑크인 일부(고대 고지 독일어, 750년경의 텍스트, 특히 주해서)

2) 저지 프랑크어(네덜란드어로 발달)

3) 고대 색슨어(860년경의 텍스트)

4) 프리기아어(네덜란드와 독일의 해안과 섬)

5) 앵글로색슨어(7세기 말경 텍스트)

6) 롬바르디아어. 이탈리아의 라틴어에 남아 있는 단어들만을 알 따름이다.


C. 동게르만어

a) 고트어 : 울필라 성서, 4세기. 브루기어, p.12(코덱스 아르겐테우스)[16] 참조.

크리미아반도의 고트어(16세기까지 생존했다. 부스베크[17]에 의해 콘스탄티노플에서 발견되었으며, 18세기에 소멸했다).

b) 반달어, 게피드어, 헤룰리어 등. 단지 고유명사만이 남아 있다.


VII. 발트어

**후기의 언어영토** : 독일 현 시기에 비스와강에서 시작하여 토른 남부, 쿠를란트, 리보니아 일부. 하위분류 :

서부의 **프러시아어**(15, 16세기에 단지 교리문답서와 주해를 통해 알려졌다)는 17세기에 소멸했다.


---

16  고트어로 기록된 6세기의 복음서 사본이다. 구스타프 브루기어(Gustav Brugier)의 『독일어 문학사』(*Geschichte der Deutschen Literatur*, 1865)에 실려 있는 듯하다.

17  Ogier Ghiselin de Busbecq(1522~1592). 플랑드르 출신의 외교관이자 학자로서 오토만제국 시대에 콘스탄티노플에 있을 때 『터키 서간문』을 썼는데, 거기에 '크리미아 고트어들'이 나온다. 원서에는 Busbek으로 오기되어 있다.

**리투아니아어**(1547년의 교리문답서), 쿠를란트와 라보니아의 북부의 라트비아어(lette 또는 letton). (다른 어파보다 더 최근에 와서야 알려졌다.) 〈변형된 문학이 결코 아니다. 언어적으로 별 흥미를 끌지 않는다.〉

## VIII. 슬라브어

**언어영토** : 기원상 게르만어보다도 덜 알려져 있다. 스키타이인이 슬라브어를 일부 사용했는지는 불확실하다. 하지만 이란어는 사용했다. 중세에 오늘날 슬라브어가 사용되는 지방에 슬라브어가 엘베강으로부터 발틱해 연안까지 사용되었다. 동부와 남부로 확산되면서 점차 어군을 형성했다. 키예프 지방에 남부의 주민이 거주했다. 하위분류 :

A. 서슬라브어
폴라브어와 소르브어(라우지츠에서는 아직도 사용)
〈엘베강 유역에 독일의 슬라브인 흔적이 남아 있다(18세기에 소멸).〉
체코가 지리적으로 바로 인접해 있다.
폴란드어와 카슈브어(독일에서 사용되는 아주 다른 폴란드어)

B. 남슬라브어
슬로베니아어 : 오스트리아 남부, 아드리아해 해안, 세르보크로아티아어 전체(Dolmstre[?], 크로아티아, 몬테네그로, 보스니아–세르비아–헤르체고비나)
불가리아어(+마케도니아어, 이형異形)

C. 러시아어

북부의 대러시아어

남부의 소러시아어

지리적으로 고정된 슬라브어와는 독립적으로 교회 슬라브어가 있다. 고대 슬라브어 또는 고슬라브어(9세기 두 사도 키릴로스와 메토디오스가 이 교회 슬라브어로 기록했고, 10세기의 수고), 교회문서를 작성한 언어이다. 이 고대 슬라브어의 지리적 위치는 확정할 수 없다. 이것이 슬라브 고문헌으로서 우리가 가진 매우 오랜 기록이며, 슬라브어 기록 자료는 1100년에서 유래한다. 필경사의 언어가 깃든 고대 슬라브어 텍스트는 없다. 마찬가지로 고대 슬라브어가 섞인 슬라브어도 없다. 폴란드어와 체코어가 가장 적게 영향을 받은 언어이며, 이러한 이유로 슬라브어 중 가장 흥미 있는 언어이다.

동쪽으로 계속 가면, 소아시아를 지나 이르는 곳은,

IX. 프리기아어(옛사람들이 확인할 만큼, 프리기아어와 트라키아어의 친근관계가 가깝다. 트라코프리기아어)

명문은 꽤 오래되었고, 로마시대로부터 묘비석 명문의 종교적 형식의 글이 있고, 그 의미는 더러 불분명하다.

프리기아어는 요컨대 인도유럽어이다. 소아시아의 북부 지대의 대부분을 점한다. 남부는 인도유럽어가 아닌 듯하다.

이 고대 어군의 시기는 6세기 이전이며, 신프리기아어는 더욱 후대에 속한다.

X. 아르메니아어

[기독교] 이후 5세기의 종교 텍스트; 기독교 문학이 풍성하다.

## XI. 이란어

**언어영토** : 무엇보다도 페르시아와 스키티아도 포함해야 할까? 스키티아 일부(남부 러시아)는 보존된 명칭과 몇몇 단어에 따르면, 이란어이다.

텍스트 : 고대 페르시아어, 『아베스타경』의 언어, 근대의 일련의 방언(벨루키스탄의 아프카니스탄과 캅카스산맥의 북부)

다리우스 522년(즉위 시기)의 명문은 고대 페르시아어로 작성. 〈이 명문으로 [...],

설형문자와 다른 언어로 번역한 자료, 오늘날의 페르시아와 대응하는 듯이 보인다. 오늘날의 페르시아어에는 불행히도 셈어 요소가 많이 섞여 있다.

『아베스타경』은 정확히 작성 연대를 알 수 없다. 이 주제와 관련하여 아무 자료도 없고, 그 연대도 아주 상이하다.

## XII. 고힌두어

연대적으로는 하위로 분류되나 지리적으로는 분류가 안 된다.

> | 베다어
> | 고전 산스크리트어

〈고힌두어의 하위분류는 없다. 아래 팔리어, 프라크리트어 등 참조.〉

베다의 작성 시기? 사실 베다 텍스트는 기원전 1000년으로 거슬러 올라간다. 어떤 텍스트는 4000년으로 올라가지만, 믿기 어려운 시기이다. 전체 시기는 불확실하다. 고전 산스크리트어는 식자어로서, 특정 시기와 대응되지 않는 듯하다. 후에 언어적 관점에서, 오랜 고전적 전통 (고전 산스크리트어)을 지닌 베다어만 얘기할 수 있다.

가장 오랜 명문은 이미 기원전 3세기의 민중방언에 속한다. 거기에는 팔리어(불교인의 종교언어)와 친근관계가 있는 언어가 담겨 있다. 민중방언들, 즉 팔리어, 프라크리트어 등이 이 고인도어와 맺는 관계는 로망스어와 라틴어의 관계와도 같다. 이들은 베다어와 방언상으로 〈지리적으로〉구별되지 않으며, 시기만 구별된다. 인도유럽어의 관점에서 베다어는 산스크리트어의 고전적 대전통이 제공하지 못하는 사실에 대해 인도유럽어를 보충하는 언어로만 고려할 수 있다.

**언어영토** : 우선 펀자브 지방과 그 후 정복으로 순다제도(자바섬, 수마트라섬)까지 확장된다. 이곳에서 베다어는 다른 개별어와 뒤섞여 오늘날의 방언이 형성되었다.

기록 문헌상 가장 오래된 언어는 무엇인가? 우선 산스크리트어와 그리스어이다. 이 고대성의 문제를 다른 방식으로 제기할 수도 있다. 가장 고어적인 언어는 어떤 것인가? 즉 인도유럽어의 원시유형이 가장 잘 보존되거나 아니면 완전히 변질된 언어는? 가장 오랜 언어가 반드시 원래의 유형을 가장 잘 보존한 것은 아니다. 하지만 산스크리트어와 그리스어는 원형을 복원할 수 있을 정도로 가장 변화가 적은 유형이다. 10세기에 와서 알려진 슬라브어는 라틴어만큼 보수적이다. (16세기에 알려진) 프러시아어와 리투아니아어는 고어성이 라틴어를 훨씬 능가한다.

우리가 살펴본 인도유럽어 개관에서 비교적 내적 친근관계가 긴밀한 발트어와 슬라브어(발토슬라브어), 인도어와 이란어(인도이란어)를 한 어군으로 묶을 수 있음을 지적해야겠다. 인도이란어는 (특히 독일

의 연구서에서) 아리아어( = 아리아족의 언어)로 계속 부른다. 〈 'iranien'
은 Ērān( = 아리아족의 나라)에서 유래한다.〉 무척 오래된 인도유럽어를
그와 같은 명칭으로 부르다니 유감이다. 아리아어는 불행히도 단지 인
도이란어에 국한된다. 학자들은 인도유럽어를 아리요유럽어aryo-européen
로도 부르는데, 이 명칭은 전체 언어영토를 가리키기 때문에 적절하다.
그리스-이탈릭어를 어군으로 별도로 구분할 수 없다. 이탈릭어와 그리
스어의 관계가 켈트어와의 관계만큼 유사하지 않기 때문이다. 그래서
이 용어는 점차 사용하지 않는다.

## §3
### 언어영토와 지리적 확산

오늘날 인도유럽어의 영토에는 단절된 곳이 없다. 고대에도 그 언어영
토는 연속적이었지만, 언어영토의 연쇄가 흑해의 아래위 양쪽으로 지
나갔다는 점에서 달랐다(오늘날에는 하나 이상!). 이러한 지리적 연속으
로 인도유럽어의 분화에 대한 지리와 연대年代 문제를 더 세밀하게 조
사해야 한다. 언어학자에게는 거의 무관한 문제가 하나 있는데, 인도유
럽어의 요람 문제이다(파미르산맥 고원지대인가, 북부 유럽인가, 게르만
연해인가, 러시아 남부인가?).[18] 그 대답은 언어학자의 결론을 별로 수정

---

18 농경설을 주장하는 랜프루(Colin Renfrew)는 터키 중부의 아나톨리아, 언어학적 어휘재구
에 기반한 감크렐리제(Tamaz V. Gamkrelidze)와 이바노프(Vyacheslav Ivanov)는 근동과 인
접한 터키의 동부, 쿠르간설을 주장하는 김부타스(Marija Gimbutas)는 흑해 북부의 러시아
남부 초원지대로 각각 설정한다. 이에 대해서는 콜린 렌프류, 『언어고고학 : 인도유럽어의
기원은 어디인가?』. 김현권 옮김, 에피스테메, 2017 참조.

하지 않는다. 그러나 언어영토와 시간의 지속과 비지속에는 무관심할 수 없다. 우선 이주설〈분봉설分蜂說〉이라는 꽤 위험한 이론이 있다. 이는 각 언어에 대응해서 인도유럽어군이 실제로 지리적으로 분산되었다는 설이다. 예컨대 게르만족이 무기와 짐을 싸들고 떨어져 분리되지 않았다면, 영어는 생겨나지 않았을 것이라고 한다. 이처럼 지리적 분산과 격리의 결과, 언어형태와 음성변화가 영향을 받는다. 그러나 이주설 자체는 원칙상 언어분화를 설명하는 데 불필요하다. 지리적 연속은 언어분화를 이해하는 데 장애물이 아니다. 프랑스어와 독일어의 예를 본다면, 지리적 연속은 많은 점에서 시사를 준다. 그렇다면 만약 장구한 세월 동안 지리적 연속을 인정한다면, 이주설뿐만 아니라 언어분화라는 거대한 개념에도 이를 수 있지 않을까? 물론 그렇다. 네덜란드어와 게르만어에 일어난 소규모의 변화도 인도유럽어 전체에 적용해야 한다. 예컨대 10세기에 이 두 언어 사이에는 (몇몇 음성추이를 제외하고) 어떠한 차이도 확인되지 않는다. 몇 세기 후에 언어가 모두 분화된 뒤에 네덜란드인과 독일인은 계속 접촉을 했지만, 언어는 더 이상 이해할 수 없게 되었다.

집단이 언어를 분화시킨 것이 아니라 언어분화가 집단을 분리시킨 것이다.

두 가정假定의 언어적〈그리고 연대기적〉 결과. 첫 번째 가정. 영토의 불연속 개념은 반드시 계통수系統樹 개념을 수반한다. 계통수에는 몇 가지 형태가 있다. 예컨대

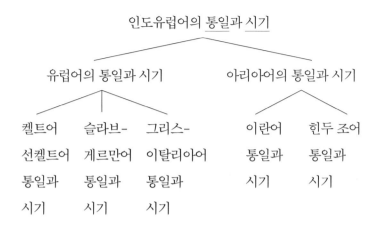

또는

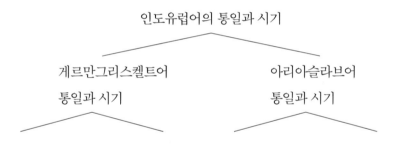

A) 공통적으로 (다소 부분적으로) 무엇이 보존되고 상실되었는지를 생각해 보자. 〈예컨대〉 어떤 단어가 단지 켈트어에만 보존되었다면, 어느 계통수를 따르든 인도유럽어의 통일과 시기로 귀착되어야 한다. 어떤 단어가 슬라브어와 고대 페르시아어에 발견된다면, 어느 계통수를 취하느냐에 따라서 결론은 달라질 것이다. 두 번째 계통수라면, 그 단어는 인도유럽어가 기원이라는 점을 확인할 수 없다. 첫 번째 계통수를 택한다면, 인도유럽어의 통일과 시기에 이른다. B) 다소 공통적인 언어혁신

을 생각해 보자.

인도유럽조어 k는 아리아슬라브어군(〈그리고 발트어군〉)에서는 치찰음(s)이 되었다. 이 변화 시기를 정확히 정하려면 계통수에 따라 작업해야 한다. 두 번째 계통수에서 사태는 분명해지는데, 아리아슬라브어의 통일이 있기 때문이다. 첫 번째 계통수에서 이 현상은 슬라브어와 아리아어에서 서로 독립적으로 일어난 사건이며, 이들의 일치는 우연한 일이다.

다른 한편으로, 둘 또는 다수의 개별어<sup>소지역어</sup> 사이에 많은 공통점을 확인할 수 있기 때문에 언어학은 계통수의 형태가 어떠하든 항상 계통수로 인해 곤란을 겪었다.

(언어영토의 연속과 역내 언어분화의) 두 번째 가정.

계통수는 아래 그림으로 교체될 수 있다.

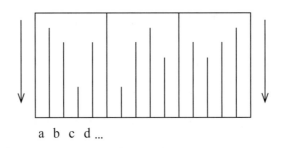

a b c d …

앞에서 계통수로 확정한 모든 사실은 연대적이고 지리적인 것이다. 예컨대 그리스어와 이탈릭어의 친족성의 정도를 재고 이들이 한 어군을 형성하는지를 알려면, 언제 이들이 통일시기에 한 언어를 형성했는지를 탐구해야 한다. 이 점은 다음을 통해 확인 가능하다. 즉 예컨대 발트어와 슬라브어는 꽤 최근 시기에 와서 서로 합친 언어상태이다.

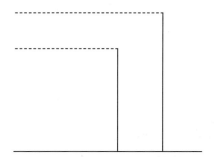

반면

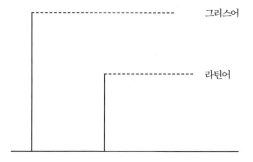

이 그림은 다음처럼 수정해야 한다.

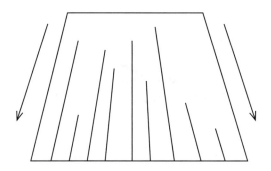

연속된 영토는 언어영토의 확장을 막지 못했다. 로망스어의 경우, 그 언어영토는 라틴어의 영토와 같은데, 이는 예외적인 사례이다.

결국 이 그림과 같은 사태는 계통수를 가진 앞의 그림과 완전히 똑같은 것이다. 또한 쌍으로 분할된 계통수도 있다. 우리 견해는 이와 동일하며, 결론도 동일하게 다시 내릴 수 있다. 언어영토의 연속이라는 가정이 지니는 진정한 중요성이란 그 가정을 완성할 때 비로소 드러난다. III. 방언 관찰에 기초한 두 가지 원리에 의해 연대적으로 추적할 수 있는 것은 이것이다. 즉

1. 극단적으로 분화하지 않은 방언분화는 이미 상당히 넓게 분화된 영토에 걸쳐 상호 이해에 차이가 난다〈언어에 대한 지속적 영향 덕택에!〉. 따라서 이 현상은 이미 일어난 언어분화에 〈연대상으로〉 후속하며, 〈예컨대 발토슬라브아리아어에서 K > S 같은〉 차이는 통일언어에서 유래한다는 것을 인정하기에는 불충분하다. 왜냐하면 〈이미〉 완벽하게 분화된 방언들도 공통 특징을 가질 수 있기 때문이다. 그 결과 연대적 자료는 흔히는 분명한 것처럼 보이는 경우에도 그 특징을 잘 포착하지 못한다. 하지만 더 일반적인 특징이 더 오랜 것이다.

2. 지리 축의 원리도 있다. 이 축에 따라 언어혁신이 인도유럽의 남부와 북부에 공통적일 수 있고, 공통된 특징은 여러 방향으로 확산된다.

이처럼 구상된 가정에서는 통일성을 찾을 필요가 없다. 왜냐하면 동부

의 인도이란과 서부의 유럽의 친근관계는 남부와 북부의 소통을 막지 않기 때문이다. 이 친근관계나 공통 특징을 계통수로 나타내면, 계통수가 상충된다. 그래서 가정 I과 II하에서(아주 간단한 영토 연속) 라틴어에는 다음 단위 어군들이 있다.

| | |
|---|---|
| 켈트이탈릭어 | 공통 특징이 |
| 그리스이탈릭어 | 켈트어와 이탈릭어, |
| 이탈로게르만어 | 또 그리스어와 라틴어에 발달했다. |

이러한 시공간의 언어분화에 대한 시각에서, 어떤 문제는 단순화된 방식으로 고찰할 수 없다는 결론이 생겨나는데, 이미 첫 시기의 많은 언어학 저술에서 고찰한 바 있다.

인도유럽어의 조사에 착수하기 전에 언어의 최초 시기를 복원하기 위한 첫 번째 작업은 기원의 복원이 과연 가능한지, 가능하다면 어떻게 재구할 것인지를 연구하는 것이다. 다음으로 살펴볼 것은 이것이다.

제4장 재구의 방법과 그 가치

§ 1
비교 방법과 재구 방법의 동일성

모든 언어의 비교는 의미가 없을 위험성이 있지만, 반드시 재구 형태로 표현해야 한다. 비교와 재구, 이 두 방법은 사실상 하나이다. 〈그러나〉

첫 번째 작업은 항상 언어비교이다. 처음부터 비교의 개념을 확장하고, 비교하는 사례들〈의 다양성을 고려해야 한다〉.

A. 두 언어의 한 단어 : μεσσος[중간의], medius[중간의]

B. 한 언어의 두 단어 :

gero[나르다] : gestus[날라진], quaero[찾다] : quaetus[찾은]

medius : μεσσος가 문제를 제기하듯이 gero : gestus〈(교체)〉도 문제를 제기한다. 다양한 형태 내에 단위가 존재하므로, 언어비교를 통해 일반적으로 다양한 형태 내의 단위를 인지할 수 있다. 비교 수단은 종류가 아주 많다. 비교하는 곳이면 어디서나 〈해명이 있고,〉〈문제는〉 흔히 증명한 것보다는 훨씬 복잡하다는 점이다. 특히 비교는 형태론적 고려로 계속 도움을 받는 음성〈변화〉에 근거를 둔다.

patior[참다]   passus[참은]   metĕre[자르다]   messis[자른, 수확]

를 비교할 때, 내가 개입시키는 것들은

fac-tus[행해진]        sit-is[갈증]

dic-tus[말해진]

로서, passus는 fac-tus와, mess-is는 si-tis와 같은 형태 구성으로 생각하기 때문이다. 그 반대로 비교가 형태론적인 것이라면, 음성적 원리를 개입시켜 음성적 관점을 〈이용하여〉 이를 설명해야 한다.

$$\overset{\text{더 달콤한}}{\dot{\eta}\delta\text{-}\iota\omega\nu} \qquad \overset{\text{더 좋은}}{\text{mel-ior}}$$

$$\iota\omega \qquad\qquad \text{-iosem}$$

$$\iota o\alpha \qquad\qquad\quad r$$

$$\iota o(\sigma)\alpha$$

따라서 언어비교는 기계적 작업이 아니라 설명을 제공하는 모든 자료를 비교하는 것을 함의한다. 따라서 첫 번째 작업은 언제나 비교이다. 그런데 비교가 다소 확실한 추론에 이르지 못하면, 그 모든 비교는 무익하므로, 추론을 공식으로 정리할 수 있어야 한다. 이 추론은 그 이전의 것을 복원하고, 원하든 원하지 않든 재구로 귀착한다. 언어비교가 유의미한 결과를 얻으려면, 역시 이 조건이 필요하다. 예컨대 patior, passus에서 아무 사실도 확인하지 못하거나, 아니면 t +t는 ss로 '된다'라거나(완전히 잘못된 개념이다. 교체를 음성현상에서만 취했기 때문이다), t +t는 ss가 '되었다'라고 결론짓는다.

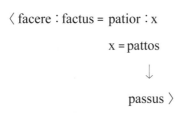

$$\langle \text{ facere : factus = patior : x}$$
$$\text{x = pattos}$$
$$\downarrow$$
$$\text{passus }\rangle$$

비교의 결과로 *pattos를 제시했는데, 이는 맞든 틀리든 재구형이 된다.

　역사시기에 대한 시각이 알려주는 것은 한 언어에서 유래하는 다양한 형태들은 오직 시간이란 전망에서만 설명된다는 것이다.

caldo - chaud[더운]

gestus - gero[나는 나른다]

mouvoir - meuvent[그들은 움직인다]

재구한다는 것은 〈내가 추론하려는 다양한 형태를〉 〈합리적으로 설명하기 위한 시간적〉 전망을 복원하는 것이다. 예컨대 medius - μεσσος를 설명하기 위해 원형 *methjos를 설정하고, 역사적으로 관찰된 사실, 〈즉 역사적 전망에서 언어에 일어난 사실에 대응하는〉 연쇄를 이용하여 이 재구형을 medius - μεσσος와 연계짓는다.

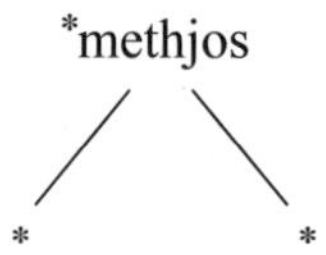


비교를 예시하려고 잘못된 등식을 사용하는데, 한 언어의 A = 다른 언어의 B가 그것이다. 예컨대

독일어 ei = 영어 ō (o, oa로 표기)

| | |
|---|---|
| stein = stōne | beide = bōth |
| bein = bōne | Kleid = clōth |
| allein = alōne | Eiche = oak |
| zeichen = tōken | Geiss = goat |
| | Seife = soap |

이 등식에 어떤 의미와 중요성을 부여할 수 있는가? 이 등식은 오직 과거의 단위 덕택에 존재한다. 이것을 재구 작업과 분리할 수 없다. 하지만 이 등식은 〈적어도〉〈실용적〉 가치는 있지 않은가? 그렇지 않다. 왜냐하면 이를 재구와 분리하면, 내가 의지하는 확고한 기반이 없어지기 때문이다. stein – stone 등과 대립하는 것은 다음 사례이다.

Seide – side     beissen – bite

weit – wide     weisse – white

treiben – drive

따라서 내가 가진 것은 아무것도 없다. 비교를 통해 주어진 결과를 이용할 수 있는 것은 오직 그 이전의 항을 고려하기 때문이다. 현재의 이 사례에 적용한 해결책은 한 계열의 단어는 게르만어 î로 거슬러 올라가고, 다른 계열의 단어는 ai로 거슬러 올라가는 것이다.

요약: 등식에 의한 비교 자체는 오직 재구를 통해서만 가치가 있다. 비교방법과 재구 방법은 그 자체로 똑같은 방법이다.

§ 2

형태 재구와 언어사실의 재구성

과거에 대한 확인은 반드시 형태 재구를 지향하는가 아니면 부분적으로 추상적 단정, 예컨대

$$ei = \hat{\imath} \; 와 \; ai$$

$$(\text{Stein} \quad (\text{side}) \; (\text{stone})$$

$$\text{Seide})$$

처럼 관찰하고 확인한 것으로 그치는가? 언어학에서 형태 재구는 이같은 사실을 부분적으로나 아주 일반적으로 확인하거나 〈비교 후에 제기되는 추론을〉 제시하는 것을 목표로 삼았다. 따라서 첫 번째 일은 언어 사실의 재구성recomposition, 형태와 관련되는 재구, 〈따라서 분리할 수 없는 전체를 구성하는〉 재구의 종합이다. 대명사 중성형이 형용사 중성형과는 다른 어미를 가진다면, 예컨대

bonum<sup>좋은</sup>

istud<sup>저것</sup>    aliud<sup>다른</sup>    ἄλλο<sup>다른</sup>    that

τo<sup>[영어의 the]</sup>

라면, 이들 각 형태에 대해 어떤 부분적 형태보다 더 일반적인 〈(형태론적)〉 현상을 재구성하면, 〈이 재구성형은〉 재구형에 이른다. *tod<sup>그것</sup>, *aljod<sup>다른</sup>. 이 재구는 여전히 온전히 분리 가능한 단언의 종합이다.

*aljod

에서 d에 대한 확인과 a에 대한 진술을 비교하면, 전혀 다른 것을 알게 된다. 즉 d는 문법적 문제지만, a와 o는 그렇지 않다는 것이다. 그리하여 언제나 분석 가능한 형태론적, 음성적 추론 집합은 〈늘 있게 된다〉. 재

구는 언어비교로부터 하나씩 끌어낸 사실을 재구성하는 가장 편리하고 분명한 수단인데, 이 말은 정녕 진실이다.

〈이처럼 재구된 형태는〉 견고한 〈건축〉 전체는 아니다. 이 건축의 각 부분은 취소 가능하며, 검토를 요한다. 언어재구형은 언제나 일반적 결론을 충실히 반영하는 반사형이고, 거기에 단어가 연루된다. 우선 인 도유럽조어에서 '말'[馬]은 처음에는 *akvas, 그다음에는 *aḱvas, 그 후에 는 *eḱvos, 마지막에는 *eḱwos였다. s만이 이론의 여지 없이 그대로 남 았고, 이 단어가 다섯 요소라는 것만이 온전히 그대로 남는다.

§3
재구의 목표와 확실성

재구의 목표는 앞의 고찰에서 이미 지적했다. 즉 단어 그 자체를 재구 하는 것이 아니라(이는 좀 우스꽝스러운 일이다)
〈1)〉〈각 시기에 얻은 결과에 의거해서〉 옳은 것으로 생각되는 결론 전 체를 압축하고 〈(결정화하고)〉 농축하는 것이다. 재구는 변한다. 그렇지 만 변한다는 점에서 뛰어난 것이다. 이는 학문의 진보를 나타내며, 〈(진 보에 대한?)〉 순수한 기록이다. 처음부터 끝까지 인도유럽어 전체를 재 구하려는 아주 이상한 생각을 한다고 언어학자에게 책임을 전가하는 데, 이는 옹호할 필요가 없다. 마치 누가 그것을 이용하기나 하는 것처 럼 말이다〈메이예, 『인도유럽어 비교연구 입문』, 1903, p.viii, 2단 참조. 그런데 블라스I. Blass는 언어학자들에게 책임을 전가하는 것 같다. 라 파엘 퀴너Raphael Kühner, 『그리스어 문법』*Ausführliche Grammatik der griechischen Sprache*, 3판, p.x 이하에서는 이상하게도 음운 대응의 가치를 오해한다.〉

이는 역사적 언어에 해당되지도 않거니와(우리는 라틴어를 유창하게 말하는 게 목적이 아니다), 선사언어에서 분리된 단어에도 역시 들어맞지 않는다.

⟨2)⟩ 실용적 관점에서, 여러 언어에서 발견되는 단어를 요약·정리하여 언어학자의 작업을 단순화시키고, 단어, 접두사 등이 무엇인지에 대한 정확한 개념을 가지려면, 언어학에 재구가 필요하다.

3) 재구가 언제나 조건적이더라도 재구를 안 하면, 언어 전체에 대한 시각을 가질 수 없고, 언어유형을 알지 못한다. 이러한 점에서 재구는 필수불가결한 수단이며, 이를 통해 한 언어의 선사시기의 역사를 쉽게 표상할 수 있다. 선사시대 ⟨이래로⟩ 시간상에 일어난 변화를 설명하기 위해 전망적 시각을 갖기란 훨씬 더 어렵다.

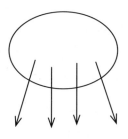

그 이전에 재구를 하지 않았다면,

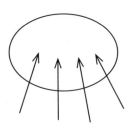

원시어 차원과 관련되는 많은 사실은 재구 〈전체〉에 의해 〈분석되고〉
즉각 해명된다. 예컨대 접미사가 어떤 요소 〈t, r, s〉로 구성되고 다른 요
소는 배제된다면, 엄청나게 복잡한 모음(예컨대 독일어 동사의 모음)은
결국 인도유럽조어에서는 단지 세 형태로 귀착된다.

　　확실성의 정도. 이 문제는 우리가 제기한 문제에서 계속 나오는 사
실이다. 단어의 두 재구형은 확실성의 정도가 다르다. 인도유럽조어에
*esti와

*didoti<sup>그는 주었다</sup>

가 있었다고 말하면, 확실성의 정도는 거의 같지만, 정도의 차이는 있다
(중복모음이 불확실하다. i인가 e인가?). 동일 단어 내의 부분들 사이에도
확실성의 정도차가 있다. 확실성이란 결코 절대적인 것은 아니다. 〈심
적〉 확실성에서부터 의문에 이르기까지 확실성의 정도는 끝없이 변동
한다.

　　〈일반적으로〉 재구형이 실제보다 훨씬 더 확실치 않다고 생각하
는 경향이 있다. 두 가지 사실로 인해 재구의 확실성이 아주 큰 것으로
추정한다. 〈1)〉 단어 전체는 음성요소로 구성되며, 이 요소의 수는 아주
제한적이다. 〈이들은 순서가 정해져 있다.〉 2) 단어에 네댓 요소가 있
고, 이들이 한 언어에 적어도 12회 정도는 반드시 출현하는 것 같다. 역
사적 언어에서 희소 요소로 등장하는 일련의 요소는 없다. 한 언어의
음성요소〈를 나타내는 진정한 방법은〉 〈이들을〉 절대치를 가진 음성으
로 〈생각하지 않고〉, 〈순수히〉 대립적·관계적·부정적 〈가치〉를 가진
것으로 간주하는 것이다. ch가 습음으로 발음되는지(예컨대 Kirche<sup>교회</sup>,

auch<sup>또한</sup>) 그렇지 않은지는 언어에서 그렇게 중요하지 않다. 이 요소가 다른 모든 요소와 다르다는 것, 바로 이 차이가 근대어의 각 음성요소에는 아주 필수적이다. 그래서 이 음성단위를 〈일정하게 고정된 값을 가진〉 숫자로 가리키면서 단어를 쓸 수도 있다. 결과적으로 우리가 대하는 언어의 발음에는 상대적인 허용치가 있다. 예컨대 프랑스어에서 r는 후두음으로 발음하지만, 사람들이 이를 설전음으로 발음해도 막지 못한다. 〈하지만 언어는 자체로 요구하는 사실이 있다!〉 r를 숫자로, 예컨대 13으로 훨씬 더 잘 지시할 수 있다. 언어는 오직 차이만을 요구하기 때문이다. 〈언어는〉 사람들의 생각처럼 음가가 변하지 않을 것을 요구하지 않는다. Kirche에서 발음 허용치는 더 작은 것이 사실이다. 그 까닭은 우연히 sch(Kische)로 발음할 수도 있고, 독일어에서 필요한 요소를 제거할 수도 있기 때문이다(13 = 21!).[19]

이 고찰을 통해 훨씬 더 나아가면, 언어의 모든 가치를 대립적인 것으로 생각해야지, 적극적이고 절대적인 것으로 생각해서는 안 된다. 재구에서 차이를 재현하는 경우, 음소의 절대적 가치(r가 후음이냐 권설음이냐)를 결정하는 것은 그리 중요하지 않다. 유사한 두 음성요소를 구별하지 않으면, 그것이 훨씬 더 큰 문제이다. 언어가 그렇게 집요하게 강요하지 않으면, 언어학자는 더더욱 그렇게 집요하게 못 한다. 음성요소의 수를 결정한 후에 이 요소들의 체계를 대수적으로 기술할 수 있다. 〈따라서〉 〈재구에서 요소들의 허용 범위는 이용할 수 있지만, 이 허용 범위는〉 언어가 대립상태에서 포착하는 가치에 의해 결정된다. 예컨

19  13으로 지시되는 음성요소가 변동하여 다른 요소 21과 동일해지거나 없어져 21만 존재할 수 있다. 즉 음운합류가 일어난다.

대 t'(구개음화된 t) 곁에 있는 t는 변동의 허용 범위가 조금도 없다.

| t | t' |
|---|---|

그러나 th(유기) 옆에서는 변동이 가능하다.

　　재구형 *medhjos<sup>중간</sup>를 다시 예로 들어 보자. e를 결정하는 것은 매우 중요한가? 인도유럽조어에서 여러 개의 e가 인정되지 않았지만, 인도유럽조어가 요구하는 어떤 요소와 일치하지 않는다면, 즉 e가 a, o 등과 차이 난다고 하면, 그것은 우리와는 아무 상관이 없다. 이는 곧 *medhjos의 둘째 요소가 *esti의 첫째 요소와, *agĕ<sup>이끌다</sup>의 셋째 요소와 다르지 않다는 것을 말하고, 또 그 값이 다른 수의 값과 혼동되지 않는다면, 값을 가진 수로 즉시 목록화할 수 있다는 것을 의미한다. 따라서 어떤 제약하에서는 재구가 의미를 완벽하게 갖는다.

　　또 다른 사실을 살펴보자. 주어진 단어에서 〈일정하게 연속하는 음성을 명백히 구별하고〉 요소의 수를 헤아릴 수 있는데, 음운론적인 현미경을 들여다본 몇몇 언어학자들은 이를 부인하려 했다. -sn-〈에는〉 순간적 과도음이 있는데, 〈이러한 음운론적 시각은 반언어적이다.〉 언어적으로 예민한 귀는 이들을 구별하지 않지만, 화자들은 요소의 수에 동의한다. 관찰 가능한 언어에 대한 언어의식을 넘어갈 필요가 없다 〈증거 : 그리스인의 알파벳〉. 〈언어에 대한 지각 한계를 넘을 필요가 전혀 없다.〉 왜냐하면 언어는 언어가 의식하는 단위에만 작용하는 까닭이다.〉 따라서 *medhjos에는 단 여섯 개의 변별요소가 있다고 할 수 있는데, 화자들은 언어에서 재발견되는 이 변별요소에 〈주의를 기울여야〉 한다. 이러한 이유로 우리는 재구가 일차적으로 응당 받는 것보다 훨씬 더 강하게 재구를 신뢰한다.

　시간이 좀 더 많았다면, 우리가 차제에 했어야 할 일은

1. 언어 자체로서 인도유럽조어의 상태 기술. 주된 개요만. 그 언어상태
가 어떻게 되었는지, 시간이 어떤 역할을 했는지 등은 상세히 다루지
않고서(정태적 연구).

2. 인도유럽조어의 역사. 역시 그 주요 개요만 기술.

원시상태와 역사에서 취한 몇몇 사항에만 관심을 국한한다. 통시적 관
점이 주요한 관점이 될 것이다.


인도유럽조어에 일어난 대변화: 어말음절의 소실〈('단어의 마모'. 이 비
유는 사용해서는 안 된다!)〉 또는 재구된 인도유럽어와 대조해서 인도유
럽제어의 음절수의 비교 상태.

　이는 사실상 인도유럽조어 단어의 모습을 은폐하는 것으로서, 비
교하는 단어들(그리스어, 게르만어)이 동일한 형태에서 기원하는 것이
아닌 듯한 생각을 갖게 한다.


　　　　산스크리트어 : śvaçuras(시아버지/장인)

　　　　그리스어 : hekyros

　　　　리투아니아어 : βeβuras


이들은 음절수가 같지만,


　　　　고대 고지 독일어 : swehur

　　　　라틴어　　　　 : sŏcer

는 그렇지 않다. 이러한 단어 손상은 인도유럽어사에서 일어난 단어의 어말음절 삭제로 설명되는데, 이로 인해 몇몇 언어 형태가 실제로 생겨났다. 이 음절 삭제는 역사적인 개념으로 즉각 바뀌어야 한다. 즉, 이 어말음절이 삭제된 것은 인도유럽조어의 단어 형태가 아주 긴 언어이고, 또 인도유럽제어가 인도유럽조어의 어말음절을 삭제하는 경향이 있었기 때문이다. 이 어말음절의 삭제는 법칙을 따르지만, 이 삭제 법칙은 세부적으로는 다른 법칙의 공식과는 상관이 없는 공식으로 환원된다. 이 모든 삭제 법칙에는 한 가지 공통점이 있는데, 음절은 단어의 길이에 의해 탈락하는 것은 아니라는 점이다. 삭제된 음절은 어말음절이나 어말 제1음절인데, 단어의 어두와는 일정 거리에 있기 때문에 탈락한 것은 아니다. 예컨대 그리스어에서 어미 -os가 삭제된 것으로 가정하면, 이는 φερόμενος<sup>주장된</sup>뿐만 아니라 ἵππος<sup>말</sup>에도 적용된다.

주요 언어들이 단음절어인지, 아니면 축약된 언어에 속하는지를 알기 위한 주요 언어 조사:

그리스어는 분명 어말음절이 상실되지 않았다. 그리스어 어말음절은 모두 인도유럽어 어말음절이다. 다시 말해서 인도유럽조어의 어말음절에 대응하거나 변화를 겪지 않은 단어는 실제로 거기에 대응한다 (예컨대 πελεκυς : 양날도끼).

산스크리트어와 고대 이란어(고대 페르시아어) 전체에 대해서도 똑같이 말할 수 있다.

골어 형태로 보존된 켈트어에 대해서도   〃   (예컨대 nemeton<sup>사원</sup>, uxello-dunum<sup>윅셀 성채 [20]</sup>)

---

20 dunum은 골어 dūnon, dūnō의 라틴어형이다. '성채, 요새'의 뜻이다.

17세기에 알려진 고대 프러시아어에 대해서도   〃 .

극히 풍부하던 16세기의 리투아니아어에 대해서도   〃 .   그 후 아주
일부 단어들의 몇몇 음절은 소실되었다.

슬라브어군(교회 슬라브어)에 대해서도   〃 .

게르만어에 이르면, 어말음절이 엄청나게 많이 소실된 것을 보게 된다.
〈이로 인해 게르만어는 고전어와 아주 다른 이질적 모습을 보인다.〉

| | | |
|---|---|---|
| oinos[하나] | 고대 고트어 ains | 독일어 ein |
| Fεργον[일] | vha | werk |
| (명문의 그리스어) | | |
| *swādistos | 그리스어 ήδιστος[매우 즐거운] | 고대 고지 독일어 suozist |
| *penkʷe | 라틴어 quinque[숫자 5] | 독일어 fünf |
| | 그리스어 πέντε | |
| *bheronti | 그리스어 φέροντι[나르는] | berant |
| *esti | 그리스어 έστι[영어의 is] | 독일어 ist |
| | 리투아니아어 esti | |
| *owis | oFis | 고대 고지 독일어 ou |
| *owim | 라틴어 ovis[양] | |
| | 리투아니아어 avis | |

스칸디나비아의 룬 문자 기록에서는 이 단어가 손상되지 않았다(가장
오랜 것은 기원전 350년으로 거슬러 올라간다). 이 게르만 방언(스칸디나
비아어나 북게르만어)의 단어 어말은 아직 소실되지 않았다. 예컨대

| steinn돌 | werth가치 있는 | 고대 고지 독일어 horn |
|---|---|---|

고대 고트어 stains은

| <u>steinaR</u><br>steinas | wertha | 스칸디나비아어 horna이었다. |
|---|---|---|

Herjulfr는 Hariwulfa<sup>(a)</sup>R였다.[21]

라틴어에서는 어말음이 다소 소실되었지만, 아주 제한적이었다. i는 아주 규칙적으로 탈락해서 남아 있는 요소가 무엇인지를 알기 어렵다.

| φέροντι | εστι |
|---|---|
| ferunt(i) | est(i) animal(i) |

특히 r이 있으면 어말이 탈락되었다.

| socer(os)장인 | quattuor(ĕs)숫자 4 |
|---|---|
| alter(os)다른 | |

그러나 게르만어와 비교해서 볼 때, 어말을 탈락시키는 조건은 언제나 특수했으며, 그 원리는 같지 않았다. 〈게르만어에서〉 어말 탈락의 〈일반원리는 악센트였다〉.

기원전에 인도유럽어 가운데 어말음절이 소실되기 시작한 언어는

---

21  고대 북구어 Hariwulfa는 hari(전사)와 wulafa(늑대)의 합성어다.

오직 라틴어뿐이었다. 일반적으로 라틴어는 동계어보다는 훨씬 더 고어적이다. 아마 아르메니아어가 기원부터 고어적일 가능성이 있다.

<h2 style="text-align:center">§4<br>음절소실의 결과</h2>

많은 굴절 형태가 상당히 변했다. 굴절 전체의 파괴가 눈앞에 전개되는 순간이었다. 영어는 굴절이 거의 완전히 소실되었다. 게르만어는 주격과 대격이 굴절을 벗어난 듯이 보인다.

| wolf | - wolfes |
|---|---|
| | wolfe |
| | wolfa |
| | wolfom |
| werk | |

이는 곧 게르만어 곡용은 라틴어의 굴절 패러다임과 다른 체계에 속한 듯하며, 이 둘을 비교하는 것은 곤란하다는 것을 의미한다. 그러나 이 게르만어 굴절의 외형은 아주 우연한 것이며, 순전히 우연에서 기인한다. 모든 굴절 부류에 영향을 미치지는 않았다. 예컨대 라틴어 bovis, bovem[22]은 다음 부류와 비교할 수 있다.

---

22  동물 '소'를 의미하는 bōs의 소유격형과 대격형이다.

-os     -ĭs   (주격)

-ŏm    -ĭm （대격）

Gast<sup>손님</sup>는 hostis(이방인, 적)와 (아주 다른 것처럼 보이지만) 같은 단어로서, 룬 문자 명문에서는 아직도 그대로 확인된다.

s

gastiR

（hostis!）

2. 어말삭제의 또 다른 결과는 예전에 어간이나 접미사로 생각된 단어 일부가 굴절한다는 점이다(예컨대 독일어의 약변화 곡용). 그리스어의 명사 곡용

daimôn<sup>신</sup>

-- on | os

-- on | i

-- on | a

에서 굴절기호와 어간이 어디서 시작되는지 알 수 있다. 그러나 굴절곡용이 탈락되고, ‒n이 곡용어미로 기능하는 새로운 패러다임을 형성했더라면 게르만어의 곡용처럼 되었을 것이다. boton‒은 daimon‒과 대응했을 것이다. 역사적으로는 이미 이 굴절의 경계를 넘어서 다음처럼 굴절한다.

주격　　　boto 메신저

대격　　　boton

복수 주격. 대격　　　boton

복수 속격　　　botôno

계속 진전할수록 boton의 n이 어간에 속한 것처럼 느껴지는데, 오늘날에는 이 의식마저 완전히 사라졌다.

인도유럽조어의 음성요소는 어떤 것이며, 우리가 아는 바대로 이 언어가 겪은 가장 격심한 변화는 무엇인가?

인도유럽조어의 음성체계는 아주 간단했다.

```
t   d   dh │ s      ⎫
p   --  bh │        ⎬ = 자음
k   g   gh │        ⎭
──────────────────────    거의 선을 그을 수도 있다.
m   n   r   l   j   u    m〉m̥으로의 변화가 매우 약하다
m̥   n̥   r   l   j   u    (비고 참조)
ĕ   ŏ   ă (희소)   ə (약모음)
ē   ō   (ā)
```

비고: 구별기호 '  ̥ '(m̥)은 이 자음이 향음이며, 모음 인상을 준다(예컨대 br̥ta 선한, bn̥ta)는 것을 가리킨다.

　　자음체계에서 세 가지 눈에 띄는 특징을 지적하자.

1) s 이외에 어떤 마찰음도 없다(f, v, sch가 없다!).

254 소쉬르의 1차 일반언어학 강의: 1907

2) 균형체계에서 아주 이상한 빈칸: b를 가진 인도유럽조어 단어는 전혀 없다(부정적 증거).

3) 꽤 놀라운 특징: 유성 유기음은 (실제적으로 그리고 역사적으로) 음성 단위로서 취급해야 한다(독일어의 무성 유기음 th, kh처럼). 인도유럽조어의 유성 유기음은 당연히 그 존재가 입증되었지만, 자세히 다루지 않겠다. 이 유기음이 인도유럽제어에서 어떤 음성이 되었는지 살펴보자. 〈인도유럽제어의 특징을 가장 잘 보여 주는 중요 사항을 따라 이들이 겪은 변화를 살펴보자.〉 대부분의 음성은 무기 유성음을 간직했는데, 이는 다른 언어처럼 이 유기음이 무성임을 부정하는 주요 증거다.

산스크리트어에서 이 유성 유기음은 bharanti<sup>나르는</sup> 같은 단어에서 아직도 나타난다.

이란어, 소슬라브어( = 슬라브발트어), 켈트어, 프리기아어에는 무기 유성음 b, d, g가 보존되었다. 예컨대 고대 교회 슬라브어의 다음 단어에서처럼 말이다.

$$beronti^{나르는}$$
$$\searrow$$
$$비음$$

게르만어에서도 b, d, g〈가 보존되었다〉(고대 고지 독일어 berant<sup>나르는</sup>). 그러나 최근까지 남아 있었지만, bh, dh, gh는 다음 자음으로 대체되었다.

$$ƀ \quad ɣ \quad đ$$
$$\searrow$$
$$(양순 v)$$

그리하여 b, d, g와 고대의 유기음에서 유래하는 b, d, g가 계속 구별되었다. 첫째 계열만이 무성음 p, t, k로 변했고, b와 bh 등에 다른 자음이 대립했다. 그리하여

$$
\begin{array}{ccc}
\text{bh} - \text{b} & \text{dh} - \text{d} & \text{gh} - \text{g} \\
| \quad | & | \quad | & | \quad | \\
\text{b} - \text{p} & \text{d} - \text{t} & \text{g} - \text{k}
\end{array}
$$

그리스어에서 유성 유기음은 무성 유기음 ph, th, kh로 바뀌었는데, 이는 가장 자연스러운 변화처럼 보인다.

> bharanti
> pheronti[나르는] (양순 ph. 그리스어의 어두의 마찰음은
> 문제가 되지 않는다)

이탈릭어는 〈라틴어의〉 선사시기 초엽에는 그리스어처럼 변화했고, 유기음을 무성음화시켰다. 이탈로그리스어라는 어군 설정을 위해 근거로 삼은 것은 특히 이 무성음화였다. 그리스어와 무성음화가 독자적으로 일어났는지 함께 일어났는지 상관없이 라틴어의 첫 단계에서 bh, dh, gh는

$$
\begin{array}{ccc}
\text{f} & \text{þ} & \chi \\
(\text{ferunt}^{그들은\ 나른다}) & (\text{think}) & (\text{lachen}^{웃다})
\end{array}
$$

로 변했다. 그리고 훨씬 후대에 가서

|     |     |     |
| --- | --- | --- |
| f   | f   | h   |

로 되었다.

단어 내부에서 f, þ, χ는 단어 첫머리에서와는 전혀 달리 취급되었다. něbŭla구름(그리스어 νεφέλη. 차이가 없다!). 초기 언어학에서는 단어 내에 고래의 인도유럽어 bh가 보존된 것으로 생각했다. 하지만 사정은 훨씬 더 복잡하다.

| f (어두에서 다음으로 변화) | f (어중에서 다음으로 변화. 단, 예컨대 라틴어 방언에서 차용한 rūfus붉은같이 상당히 드문 사례는 제외) |
| --- | --- |
| f | þ |

그 후

| f | b |
| --- | --- |

로 변화했다. 다음 자음도 마찬가지로 그렇게 변했다.

| p | þ |
| --- | --- |
| f | đ |
| f | d |

예컨대

| 산스크리트어 | dhûmes<sup>연기</sup> | 반면 | madhjas<sup>중간</sup> |
|---|---|---|---|
| 라틴어 | fumus<sup>연기</sup> | 반면 | medius<sup>중간</sup> |

인도유럽조어에는 두 종류의 연구개음이 있었는데, 이는

$$k_1 \quad g_1 \quad gh_1$$
$$k_2 \quad g_2 \quad gh_2$$

처럼 제시된다. 이 사실 역시 유성 유기음만큼이나 중요하지만, 이를 자세히 다룰 수는 없다

모음체계에서는 무엇을 선택해야 하는가? 인도유럽조어의 모음은 다음과 같다.

$$\breve{e} \quad \breve{o} \; - \; \breve{a} \; - \; \vartheta$$

동부의 아리아어군(인도이란어군)에서는 다음과 같이 변화했다.

| $\breve{e}$ | $\breve{o}$ | ($\breve{a}$)가 |
|---|---|---|
| ↓ | ↓ | ↓ |
| $\breve{a}$ | $\breve{a}$ | $\breve{a}$로 |

따라서 기원이 다른 세 가지 ă가 있다. 학자들이 이 관계를 전도시켜 ă 는 인도유럽조어가 분화되기 전의 인류 기원까지 거슬러 올라간다고

주장하며, 인도유럽조어의 중요한 근거 자료로 이 ā를 제시했다(이 시기에 단지 세 개의 모음 a, i, u만이 있었을 것이다!). 여기에 신비로움을 좀 더하여, ā가 모음 가운데 가장 중요하다고들 했다……! 형태론을 통해 진상을 올바로 복원했다. 즉 모음교체

가 영속적으로 일어났음을 확인했다.

lĕgō <sup>나는 말한다</sup> / lŏgos <sup>말</sup>
hippŏs <sup>말[馬]</sup> / hippĕ <sup>말들</sup>

그런데 교체하는 두 모음이 한 단위에서 유래한다는 것은 기본 원리이다. 다른 한편 ĕ–ā 교체는 나타나지 않는다. 이는 ŏ–ĕ가 ā에서 분리된 것이면 설명되지만, 기원이 공통적이라면 왜 이들은 교체되지 않는가?

따라서 아리아어에서는 ĕ, ŏ, ā가 뒤섞였다. 다시 말해서 단지 ā만이 있었던 것이다. 발트슬라브게르만켈트어는 ŏ, ā를 뒤섞었고, ĕ, ā만 구별했다. 그리스이탈릭어는 ĕ–ŏ–ā를 그대로 유지했다.

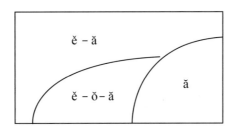

예컨대

그리스어: ắγοντες<sup>이끄는</sup>

이란어: ágantas<sup>이끄는</sup>

| 라틴어 | agro<sup>들판</sup> | octo<sup>숫자8</sup> | captus<sup>사로잡힌</sup> | hostis<sup>적</sup> |
|---|---|---|---|---|
| 게르만어 | acker<sup>들판</sup> | acht<sup>숫자8</sup> | haft<sup>구속, 짐*</sup> | gast<sup>손님</sup> |

(*는 독일어에서 접미사로 계속 사용되었다. leb-haft<sup>활발한</sup> 등)

슬라브어에서는 모든 ā가 ŏ로 바뀌었다. 게르만어는 이와 정반대로 변화했다(hostis는 gast가 되었다). 하지만 결국 동일한 결과를 낳았다. 인도유럽조어에는 하나의 단위(ŏ〈또는 ā〉)에 대해 두 ŏ‒ā가 있었다. 우리에게 중요한 것은 단지 상대적 가치이다.

이 음성혼합의 결과는 엄청나게 크다. 한 가지만 들어 보자. 형태론적으로 별개의 범주가 혼동되었는데, 게르만어에서 이를 해결하려면 별도의 연구가 필요하다.

인도유럽어족의 전 역사에서 모든 인도유럽제어에 끈기 있게 유지된 특징은 장모음과 단모음의 구별이다. 즉 장단 음량을 지닌 ĭ/ī, ŏ/ō, ŭ/ū이다. 오늘날 이 구별은 사라지는 듯하다. 이 장단 구별만큼 끈기 있게 꾸준히 지속된 것은 없다. 그리스어에는 장단 구별이 온전히 지속되었고(형태와 명칭에서도 대립. ĕ/ē, ŏ/ō!), 라틴어에도 잔존했다(그 증거는 운율법!). 게르만어에는 〈인도유럽조어의 음량은 유지되었고,〉 중기 고지 독일어까지 혼동이 없었다. 리투아니아어는 오늘날까지 음량이 그대로 유지되고 있다.

〈발음의 시간 차만큼이나〉 미세한 차이가 믿을 수 없을 만큼 오래 지속된 것은 일종의 내적 혈통 같은 것이다. 훨씬 더 현저한 다른 차이들과 비교해 본다면. ── 끝. 1907년 7월 31일. D. G.

# 찾아보기

지은이 페르디낭 드 소쉬르(Ferdinand de Saussure, 1857~1913)

1857년 11월 26일에 스위스 제네바에서 태어나 1913년 2월 22일에 운명을 달리했다. 1876~1878년에 19세기 역사비교언어학을 주도한 라이프치히대학에서 수학했으며, 21세 나이에 인도유럽어 연구의 백미라고 할 수 있는 「인도유럽어 원시 모음 체계에 관한 논고」(1878)를 발표했다. 이후 파리 고등연구원에서 10년 동안 게르만어 비교문법, 그리스어와 라틴어 비교문법을 강의한 후, 모교 제네바대학교로 돌아가 1891년 인도유럽어 비교역사언어학과 산스크리트어 교수로 임명된다. 1896~1913년 동안 그리스어, 라틴어, 산스크리트어 비교역사문법, 게르만어 비교문법, 니벨룽겐을 강의했으며, 게르만 전설을 연구했다. 이 기간 동안 과학으로서 일반언어학의 근본적인 문제를 다룬 '일반언어학 강의'를 3차에 걸쳐 했다. 1907년 1차 강의, 1908~1909년에 2차 강의, 1910~1911년에 3차 강의를 했다.

20세기 현대 언어학의 이론적 토대를 수립하고 기호학이라는 새로운 학문의 가능성을 주창한 천재 언어학자이자 구조주의의 원류로 평가받으며, 루이 알튀세르, 롤랑 바르트, 조르주 바타유, 장 보드리야르, 피에르 부르디외, 자크 데리다, 미셸 푸코, 자크 라캉, 모리스 메를로-퐁티, 레비스트로스 등 20세기 사상 지형에 지대한 영향력을 행사한 독창적 사상가로도 자리매김하고 있다.


옮긴이 김현권

1975년에 서울대 문리대 언어학과를 졸업하고, 동 대학원에서 문학 석박사과정을 마쳤다. 파리7대학(DEA)에서 수학한 바 있으며 2002년에는 초빙교수로서 파리13대학 전산언어학연구소에서 연구했다. 한국언어학회장을 역임하기도 했으며 현재 한국방송통신대학 명예교수로 일하고 있다. 역서로는 소쉬르의 『일반언어학 강의』와 『일반언어학 노트』, 벵베니스트의 『일반언어학의 여러 문제 1, 2』와 『인도유럽사회의 제도·문화 어휘 연구 1, 2』, 『마지막 강의』, 바르트부르크의 『프랑스어 발달사』, 로지의 『프랑스어 사회언어학사』, 렘프류의 『언어고고학』 등이 있고, 「소쉬르와 역사언어학의 전통」, 「동사의 다의와 전자사전에서의 표상」, 「소쉬르의 『인도유럽어 원시 모음체계 논고』와 『일반언어학 강의』의 방법론적 비교」, 「소쉬르의 《일반언어학강의》와 《제3차 강의노트》의 비교」 등 다수의 논문들을 발표했다. 또한 방송대학 대학원(아프리카 불어권 언어문화학과)에 있으면서 『아프리카 지정학』, 『아프리카 아이덴티티: 2,000개의 언어를 둘러싼 발전과 통합의 과제』, 『한 권으로 읽는 아프리카』를 번역 출간했다.